さくさくもちもち！ボウルで混ぜて焼くだけレシピ

はじめての
ポップオーバーBOOK

若山曜子

マイナビ

INTRO

ポップオーバーは、アメリカで人気のクイックブレッド。シュー皮に似た食べ物で、身近な材料をぐるぐる混ぜて焼くだけと、作り方はいたって簡単。ベーキングパウダーもイーストも使わないのに、どうしてなのか、理系ではない私にはわからないけれど…びっくりするほどふくらみます。

オーブンの中でぐんぐんとふくらんでいく、その姿はどことなくユーモラスで、かわいく、何度見ても飽きることがありません。そしてお味も。ちょっと塩気があり、香ばしい軽い食感は何にでもあうし、ついついつまみたくなります。中は空洞なので甘いクリームをつめてもいいし、グラタンやキッシュを流し込んで焼いて二度焼きしてもさくさくおいしい。もちろんそのままちぎって、いろんなディップをつけて食べるだけでも楽しめます。

初めてポップオーバーを焼いたときのことはよく覚えています。表面がきつね色に、そしていろんな形にふくらみ、部屋中にいいにおいが充満する。今でもオーブンの扉を再び開けるまで、わくわく、そわそわ楽しい気持ちは変わりません。

おいしくて楽しいポップオーバー作り。皆さんもぜひトライしてほしいです。

CONTENTS

BASIC POPOVERS
初めてでも簡単
基本のポップオーバー

10 もちもちポップオーバー
　　さくさくポップオーバー

---

02 INTRO
06 WHAT'S POPOVERS?
　　話題の「ポップオーバー」って何ですか？
　　「ポップオーバー」の食べ方は？
08 基本の道具
09 基本の材料
12 Q&A
　　ポップオーバーを上手にふくらませるコツ

この本のルール

- 小さじ1は5ml、大さじ1は15ml、1カップは200mlです。
- オーブンの加熱温度、加熱時間は機種によって異なります。表記の時間を目安にして、様子を見ながら焼いてください。
- 卵はMサイズを使用しています。
- 電子レンジの加熱時間は600wのものを基準にしています。
- ポップオーバーに使用する型やふくらみによって、中に詰める具材の量は変わります。レシピの分量は目安にしてください。

PART 1 VARIOUS POPOVERS
生地に具材を混ぜ込む
基本のポップオーバー

SWEET

14 オレンジポップオーバー
16 ブルーベリーポップオーバー
　　バナナポップオーバー
18 ココアポップオーバー
　　抹茶ポップオーバー
19 シナモンシュガーポップオーバー
22 ラズベリーチョコポップオーバー
　　キャラメルポップオーバー

SAVORY

24 チーズポップオーバー
26 トマト＆バジルポップオーバー
　　コーンポップオーバー
28 レモンペッパーポップオーバー
　　セサミポップオーバー
　　カレーポップオーバー
　　ベーコン＆チャイブポップオーバー

PART 2 DESSERT POPOVERS
デザートポップオーバー

- 32　練乳クリーム＆ストロベリー
- 34　りんごのキャラメリゼ
- 35　ピーチメルバ
- 36　ヨーグルトクリーム＆フルーツ
- 38　チョコレートムース
- 40　あずきアイス／スイートポテトクリーム
- 42　マンゴーレアチーズ
- 44　コーヒーゼリー
- 46　キーライムパイ
- 47　プロフィトロール
- 48　シュークリーム　ホイップ＆カスタード
- 49　シュークリーム　バナナブリュレ
- 52　チョコレートハウピアクリーム

DIP
- 54　ストロベリーバター
　　　オレンジバター
　　　ジンジャースパイスハニーバター
　　　バタースカッチ
　　　ミルクレモン

PART 3 MEAL POPOVERS
お食事ポップオーバー

- 56　クリームスピナッチ＆目玉焼き
- 58　スクランブルエッグ
- 60　BLTサンド／アボカド＆エビ
- 62　メキシカンタコス／ポテトサラダ
- 63　厚揚げのガドガド／カボチャの豆乳サラダ
- 66　じゃがいもとサーモンのキッシュ
- 68　エビマッシュルームグラタン
- 70　カレーパン
- 72　グリルド　ベジタブル
- 73　なすとトマトのムサカ
- 74　ファラフェル風サンドイッチ
- 76　ローストビーフ

DIP
- 77　パプリカクリーム
　　　ツナ＆アンチョビクリーム
　　　明太子クリーム
　　　ハーブクリーム
　　　アボカドクリーム

SOUP
- 78　にんじんのポタージュ／ガスパチョ
- 79　エッグレモンスープ／クラムチャウダー

WHAT'S POPOVERS？

Q 話題の「ポップオーバー」って何ですか？
A シューに似た皮がさくさく、中身はもちもち
　ＮＹ生まれのヘルシーブレッド（＝パン）です。

POPOVERSの名前の由来は…
「弾けて　飛び出る！」
POP　OVERS

1 必要な材料はたったの６つ 作り方はとっても簡単！

卵・牛乳・小麦粉・バター・砂糖・塩。ポップオーバーに必要な材料はこの６つ。家に常備してあるもので、お手軽に作れます。ベーキングパウダーやドライイーストを使わないのに、おもしろいほどふくらみます。作り方は材料をボウルに入れてすべて混ぜ、型に流してオーブンで焼くだけ。とにかく簡単なのが魅力です。

2 スイーツにもお食事にも 何にでも合う万能ブレッド

そのまま食べてもおいしいポップオーバー。フルーツやクリームなど甘いものと合わせてデザートにしたり、チーズやサラダなどおかず系と合わせてお食事にしても楽しめます。ポップオーバーそのものの味はあっさりしているので、パン感覚で食べられます。アメリカでは手早く作れるパン＝クイックブレッドとして定着しています。

3 バターと砂糖ひかえめ とってもヘルシー！

ポップオーバーに使用するバターや砂糖は、パンやマフィンに比べてひかえめ。また、中身が空洞なので、見た目のボリュームよりも食べやすくヘルシーです。主食にすれば、白米やパンよりも低カロリーの食事にすることも可能。また、材料の牛乳は美容によいとされる豆乳に、バターはオイルで代用することもできます。

Q 「ポップオーバー」の食べ方は？
A メインの食べ方は4通り。
バリエーション豊富に楽しめます。

1 そのままいただく

そのものの味を楽しむなら、何もせずにそのままいただきましょう。焼き立てが一番生地のさくさく、もちもち感を味わえますが、2日ほどなら常温でも保存できます。保存したポップオーバーは、オーブントースターで温め直すとさらにおいしくなります。

2 具材をのせる・添える

ポップオーバーを半分に切り、具材をのせてサンドイッチのような軽食にするのもおすすめです。忙しい朝にもぴったりのスタイル。おかずにポップオーバーを添え、ワンプレートにしても。ポップオーバー自体はあっさりしたクセのない味なので、どんな具材ともよく合います。

3 器代わりにする

ポップオーバーの中身は空洞なので、横に切って型の部分を器にし、そこにフィリングを詰めるとデザートカップに大変身。ふくらんだ部分はふたとしても利用できます。インパクトのある見た目は、来客やパーティーのおもてなしにぴったり。

4 ディップする

そのままでもおいしいポップオーバーですが、バターやスープにつけて食べると、もちもちの生地に味が絡んで絶品。市販のものでもちろんOKですが、本書では簡単にできるオリジナルのディップ（P54、P77）やスープ（P78）を紹介しているので、ぜひ作ってみてください。

ITEM

基本のポップオーバーを作るのに必要な道具と材料は、たったこれだけ。特別なものはないので、思い立ったときに手軽に作れます。

基本の道具 KITCHEN TOOLS

1 はかり
粉など材料を計るときに使います。1グラム単位で表示されるデジタルスケールがおすすめ。材料を入れた容器の重さを除いて表示することもできます。少量を量るときは計量スプーンもあると便利。

2 ボウル
ポップオーバーの材料はすべてボウルの中で混ぜます。混ぜたときに生地がこぼれないよう、大きめのものにするといいでしょう。ステンレス製でもガラス製でもOK。

3 泡立て器
液体や粉を混ぜ合わせるために使用します。自分の手になじみやすいものを使ってください。柄のしっかりとした、ワイヤー数の多いものが力を込めて混ぜやすいです。

4 ゴムベラ
ボウルに入れた生地を、残さずきれいに型へ流し込むときに便利です。ボウルの底で固まってしまった生地をこそげ落とすのにも使えます。

5 型
どの型を使うかで形が変わりますが、高さのある型のほうがよくふくらみ、ポップオーバーらしくなります。本書では縦長にふくらむダリオール型と、丸くふくらむマフィン型（低）の2種類を使用。

ダリオール型
口のほうが広くなった円筒形の型。金属なので型全体に熱が通りやすく、ポップオーバーがきれいな縦長にふくらんだ形に仕上がります。本書ではゴーベル社製の高さ約6cm×直径5cm、スチール素材でフッ素加工されたものを使用しています。

マフィン型（低）
低い型は生地が横に広がりやすく、ふくらみにくいので、出来上がりがシュークリームに近い見た目になります。紙素材の型は生地がくっつかないよう、内側がコーティングされているものがおすすめ。本書では高さ約4cm×直径5cmのものを使用。

プリンカップ型
口のほうが広くなった円筒形ですが、ダリオールより先が広がっています。これも熱が通りやすく、比較的きれいな形に仕上がります。

マフィン型（高）
高さが5cm以上あれば、ポップオーバーらしい見た目に仕上がります。内側がコーティングされていないものは、型から外しやすいようにバターやオイルを多めに塗ること。

ポップオーバー専用型＊
一度に大量に作るなら、ポップオーバー専用の型があると便利です。少し高価ですが、ネットショップで購入できます。型の大きさもメーカーによってさまざま。

＊画像提供…NUT2株式会社

基本の材料 INGREDIENTS

A
牛 乳

人肌に温めてから使いましょう。低脂肪牛乳でも作れます。はじめに卵とよく混ぜ合わせてから粉類と混ぜると、ダマになりにくくなります。その際は粉類に少しずつ加えていきましょう。

または ▶ 豆 乳

同量の豆乳で代用することもできます。無調整豆乳を使用してください。

B
バター

本書では無塩のものを使用していますが、有塩でも同じように作れます。その際は生地に加える塩の量を少なめにするとオリジナルの味に近くなります。

または ▶ オイル

同量のオリーブオイルでも可。おかず系と合うポップオーバーになります。

C
卵

黄身に弾力がある、新鮮なものを使いましょう。牛乳と混ぜるときは、割る前に室温に戻しておき、泡立て器や菜箸でよく溶きほぐしてから使用します。

D
薄力粉

本書では全量薄力粉を使用していますが、強力粉でも作れます。混ぜて使ってもOK。強力粉が多いと、ザクッとした食感のパンに近い生地になります。

E
砂糖、塩

砂糖は甘みと焼き色をつけるため、塩は味をひきしめるために入れます。どちらも少し入れるだけで、ポップオーバーに深い味わいが生まれます。

LET'S TRY!
まずは作ってみよう!

初めてでも簡単　基本のポップオーバー
BASIC POPOVERS

すべての基本になる、シンプルだけどおいしいポップオーバー。
お食事向けのもちもちポップオーバー、デザート向けのさくさくポップオーバーの
2種類ありますが、分量が変わるだけで作り方は同じです。

CRISPY POPOVERS
さくさくポップオーバー

生地のさくさく感がより強いタイプです。
皮が少しかためなので、ハード系のパンが
好きな方におすすめ。卵の風味が強く出るため、
スイーツ系の具材とよく合います。

CHEWY POPOVERS
もちもちポップオーバー

生地のもちもち感がより強いタイプです。
何もはさまずにそのままいただくならこちらがおすすめ。
軽い口当たりで、お食事系の具材とよく合い、
2度焼きするとさくさくした食感に変わります。

材料

どちらのポップオーバーも使う材料は同じですが、分量が異なります。卵1個につき、もちもちポップオーバーは3個分、さくさくポップオーバーは2個分のレシピを紹介しています。型はダリオール型（P8）を使用。

もちもちポップオーバー（3個分）

- 薄力粉…50g
- 砂糖…小さじ1/2
- 塩…小さじ1/4
- 卵（Mサイズ）…1個
- 牛乳…80cc
- バター（またはオイル）…小さじ1

さくさくポップオーバー（2個分）

- 薄力粉…25g
- 砂糖…小さじ1/2
- 塩…小さじ1/4
- 卵（Mサイズ）…1個
- 牛乳…25cc
- バター（またはオイル）…小さじ1

下準備

もちもちポップオーバー、さくさくポップオーバーともに同様です。

- 卵を室温に戻しておく。牛乳は耐熱容器に入れ、電子レンジで20秒加熱して人肌程度に温める。
- バターは耐熱容器に入れ、電子レンジで15秒ほど加熱して溶かしておく。オイルを使う場合はそのままでOK。
- 型にバターまたはオイル（分量外）をたっぷり塗る a 、b 。
- オーブンを天板ごと220℃まで予熱する。

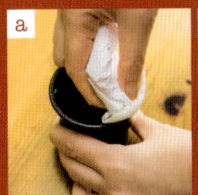

作り方

もちもちポップオーバー、さくさくポップオーバーともに同様です。

1. ボウルに薄力粉、砂糖、塩を入れ、泡立て器で円を描くように混ぜてダマをなくす。 
2. 計量カップやボウル（注ぎ口があるものがよい）に入れた牛乳に、溶きほぐした卵を加えてしっかり混ぜる。 
3. ①の中央に②を少しずつ流し入れ、滑らかになるまで混ぜる。ボウルの下にふきんを敷いておくと混ぜやすい。 
4. 溶かしたバター（またはオイル）を加え、しっかりと混ぜ合わせる。ラップをして10分以上休ませる。 
5. それぞれの型に④の生地を半量より少し多めに入れる。 
6. 天板に間隔をあけて型を並べる。予熱したオーブンに入れ、220℃で15分、その後170℃に下げて20分焼く。 
7. オーブンから出して型ごと網にあげ、粗熱を取る。型から外すときは、ナイフを間に入れて回転させるとよい。

MEMO

保存期間は常温で2日程度。ラップにぴったり包んで冷凍室に入れれば2週間程度もちます。焼き直す際はオーブントースターで3〜4分程度焼くと、生地のさくさくが復活します。

Q&A ポップオーバーを上手にふくらませるコツ

簡単に作れるポップオーバーですが、ふくらむ形はさまざま。
一つとして同じ形に焼き上がるものはありません。
ふくらまないときの対処法を、写真を交えてご紹介します。

Q ふくらまずに、ぺしゃんこになってしまいました…

A 原因はいくつか考えられます

1 材料をしっかり混ぜていない

粉類がダマになっているとふくらみにくい原因になります。泡立て器やハンドミキサーでしっかり混ぜましょう。また、生地を休ませるとのびがよくなり、ふくらみやすくなります。ラップをかけて10〜30分ほど休ませるのがベスト。

2 オーブンの温度が低い

温度が低いと、ポップオーバーはきれいにふくらみません。オーブンを天板ごときちんと予熱しておきましょう。本書では220℃に設定していますが、機種によって仕上がりが異なるので様子を見て調整してください。

3 オーブンを途中で開けてしまった

オーブンを開け温度を急激に下げると、しぼんでしまうので注意。また、高温で焼いた後、温度を下げた乾燥焼きでふくらみをキープするので、ふくらんだ後にしぼんだ場合は、170℃で焼く時間を5分長くしてみましょう。

Q 上はふくらんだのに、型の部分が縮んでしまいます

A 材料は適温に、型は温めておく

卵は室温に戻し、牛乳は人肌程度に温めましょう。生地がふくらみやすくなります。金属製の型を使うときは、型を予熱中のオーブンの上に置くなどして十分に温めてから焼くと、型通りに焼けます。

Q 焼いている途中にポップオーバーが倒れてしまいました

A 型をココット皿に入れて支えましょう

軽い紙のマフィン型を使ったときによく起きることです。ポップオーバーが頭でっかちになって、バランスを崩してしまうのです。焼く前に、ココット皿などの深さのあるものに入れて、支えにしましょう。

どうしても上手くいかないときは…
➡ 型を変えてみるのも手です

きれいな形に仕上がらないときは、別の型に変えるだけでうまくいくことも。紙のマフィン型よりも、ダリオール型やプリンカップ型のほうが熱伝導がよいため、安定してふくらみやすくなります。型の形や素材によって変化するポップオーバーの形を楽しむのもよいでしょう。

ダリオール型　プリンカップ型　マフィン型(低)　マフィン型(高)

PART 1

VARIOUS POPOVERS

生地に具材を混ぜ込む
基本のポップオーバー

シンプルなポップオーバー生地に、
フルーツやチョコレート、チーズなどを
混ぜて焼き上げたレシピです。
基本のもちもちポップオーバーに少し食材を足すと、
たくさんのバリエーションが生まれます。
パンがわりにつまめる手軽さがうれしいです。

SWEET

フルーツ、チョコを生地に混ぜ込んだ甘いポップオーバー。
ほのかな甘さなので、軽い口当たりで何個でも食べられます。
おやつとしてだけでなく、朝食や昼食にもおすすめです。

Orange Popovers
オレンジポップオーバー

柑橘の香りがふわっと漂う、さわやかな風味のポップオーバー。
ふくらんだ生地の上にのったオレンジがアクセントです。

材料（3個分）

薄力粉…50g
砂　糖…小さじ1/2
塩…小さじ1/4
卵…1個
牛　乳…80cc
バター（またはオイル）…小さじ1
オレンジの皮のすりおろし…1/4個分
オレンジ…1/8個

下準備

・卵を室温に戻しておく。牛乳は耐熱容器に入れ、電子レンジで20秒加熱して人肌程度に温める。
・型にバターまたはオイル（分量外）をたっぷり塗る。
・バターは耐熱容器に入れ、電子レンジで15秒ほど加熱して溶かしておく。オイルを使う場合はそのままでOK。
・オーブンを天板ごと220℃まで予熱する。

作り方

1. ボウルに薄力粉、砂糖、塩を入れ、泡立て器で円を描くように混ぜてダマをなくす。
2. 計量カップやボウルに牛乳を入れ、溶きほぐした卵を加えてしっかり混ぜる。1の中央に少しずつ流し入れ、滑らかになるまで混ぜ合わせる。さらに溶かしたバター（またはオイル）を加えてよく混ぜる。
3. オレンジの皮のすりおろしを入れて混ぜる。このとき、ラップをして10分以上生地を休ませると、焼いたときにふくらみやすくなる。
4. それぞれの型に生地を半量より少し多めに入れる。
5. オレンジを薄く輪切りにし、さらに1/4にカットしたものを2切れずつのせる [a]。
6. 天板に間隔をあけて型を並べる。予熱したオーブンに入れ、220℃で15分、その後170℃に下げて15〜20分焼く。粗熱が取れたら、ナイフを側面に沿わせて型から抜く。

Blueberry Popovers
ブルーベリーポップオーバー

Banana Popovers
バナナポップオーバー

Blueberry Popovers
ブルーベリー ポップオーバー

ブルーベリーのジューシーな食感と酸味が
生地のもっちりさと絶妙にマッチ。甘さひかえめです。

材料（3個分）

薄力粉…50g	牛乳…80cc
砂糖…小さじ1/2	バター（またはオイル）…小さじ1
塩…小さじ1/4	ブルーベリー…30g（約15粒）
卵…1個	

下準備

・卵を室温に戻しておく。牛乳は耐熱容器に入れ、電子レンジで20秒ほど加熱して人肌程度に温める。
・型にバターまたはオイル（分量外）をたっぷり塗る。
・バターは耐熱容器に入れ、電子レンジで15秒ほど加熱して溶かしておく。オイルを使う場合はそのままOK。
・オーブンを天板ごと220℃まで予熱する。

作り方

1. ボウルに薄力粉、砂糖、塩を入れ、泡立て器で円を描くように混ぜてダマをなくす。
2. 計量カップやボウルに牛乳を入れ、溶きほぐした卵を加えてしっかり混ぜる。1の中央に少しずつ流し入れ、滑らかになるまで混ぜ合わせる。
3. 溶かしたバター（またはオイル）を加えてよく混ぜる。このとき、ラップをして10分以上生地を休ませると、焼いたときにふくらみやすくなる。
4. それぞれの型に生地を半量より少し多めに入れる。
5. 生地を入れた型に、ブルーベリーを1/3量分ずつ入れる [a]。
6. 天板に間隔をあけて型を並べる。予熱したオーブンに入れ、220℃で15分、その後170℃に下げて15～20分焼く。粗熱が取れたら、ナイフを側面に沿わせて型から抜く。

Banana Popovers
バナナ ポップオーバー

バナナの甘みがたまらない、しっとりポップオーバー。
ふくらみやすくなるよう、バナナは小さめに切るのがポイント。

材料（3個分）

薄力粉…50g	バター（またはオイル）…小さじ1
砂糖…小さじ1/2	バナナ…1/5本
塩…小さじ1/4	
卵…1個	
牛乳…80cc	

下準備

・卵を室温に戻しておく。牛乳は耐熱容器に入れ、電子レンジで20秒ほど加熱して人肌程度に温める。
・型にバターまたはオイル（分量外）をたっぷり塗る。
・バターは耐熱容器に入れ、電子レンジで15秒ほど加熱して溶かしておく。オイルを使う場合はそのままOK。
・オーブンを天板ごと220℃まで予熱する。

作り方

1. ボウルに薄力粉、砂糖、塩を入れ、泡立て器で円を描くように混ぜてダマをなくす。
2. 計量カップやボウルに牛乳を入れ、溶きほぐした卵を加えてしっかり混ぜる。1の中央に少しずつ流し入れ、滑らかになるまで混ぜ合わせる。
3. 溶かしたバター（またはオイル）を加えてよく混ぜる。このとき、ラップをして10分以上生地を休ませると、焼いたときにふくらみやすくなる。
4. それぞれの型に生地を半量より少し多めに入れる。
5. 生地を入れた型に、5mm角に切ったバナナをそれぞれ1/3量ずつ入れる。
6. 天板に間隔をあけて型を並べる。予熱したオーブンに入れ、220℃で15分、その後170℃に下げて15～20分焼く。粗熱が取れたら、ナイフを側面に沿わせて型から抜く。

RECIPE ▶ P20

Green Tea Popovers
抹茶ポップオーバー

Cocoa Popovers
ココアポップオーバー

RECIPE ▶ P21

Cinnamon Sugar Popovers
シナモンシュガーポップオーバー

Cocoa Popovers
ココアポップオーバー

ココアを生地に混ぜ込み、チョコレートをトッピング。
とろりとしたチョコがたまらない、人気のポップオーバー。

材料 （3個分）

薄力粉…50g	卵…1個
ココア…小さじ1	牛　乳…80cc
砂　糖…小さじ1/2	バター（またはオイル）…小さじ1
塩…小さじ1/4	チョコレート（粗く刻む）…10g

下準備

・卵を室温に戻しておく。牛乳は耐熱容器に入れ、電子レンジで20秒ほど加熱して人肌程度に温める。
・型にバターまたはオイル（分量外）をたっぷり塗る。
・バターは耐熱容器に入れ、電子レンジで15秒ほど加熱して溶かしておく。オイルを使う場合はそのままでOK。
・オーブンを天板ごと220℃まで予熱する。

作り方

1. ボウルに薄力粉、ココア、砂糖、塩を入れ、泡立て器で円を描くように混ぜてダマをなくす [a]。
2. 計量カップやボウルに牛乳を入れ、溶きほぐした卵を加えてしっかり混ぜる。1の中央に少しずつ流し入れ、滑らかになるまで混ぜ合わせる。
3. 溶かしたバター（またはオイル）を加えてよく混ぜる。このとき、ラップをして10分以上休ませると、焼いたときに生地がふくらみやすくなる。
4. それぞれの型に生地を半量より少し多めに入れ、チョコレートを1/3量ずつ加える。
5. 天板に間隔をあけて型を並べる。予熱したオーブンに入れ、220℃で15分焼き、その後160℃に下げて15〜20分焼く。粗熱が取れたら、ナイフを側面に沿わせて型から抜く。

Green Tea Popovers
抹茶ポップオーバー

アメリカ発祥のポップオーバーを、抹茶で和風な印象に。
色あざやかなグリーンが目を引きます。

材料 （3個分）

薄力粉…50g	牛　乳…80cc
砂　糖…小さじ1/2	バター（またはオイル）…小さじ1
塩…小さじ1/4	抹　茶…小さじ1
卵…1個	

下準備

・卵を室温に戻しておく。牛乳は耐熱容器に入れ、電子レンジで20秒ほど加熱して人肌程度に温める。
・型にバターまたはオイル（分量外）をたっぷり塗る。
・バターは耐熱容器に入れ、電子レンジで15秒ほど加熱して溶かしておく。オイルを使う場合はそのままでOK。
・オーブンを天板ごと220℃まで予熱する。

作り方

1. ボウルに薄力粉、砂糖、塩を入れ、泡立て器で円を描くように混ぜてダマをなくす。
2. 計量カップやボウルに牛乳を入れ、溶きほぐした卵を加えてしっかり混ぜる。1の中央に少しずつ流し入れ、滑らかになるまで混ぜ合わせる。さらに溶かしたバター（またはオイル）を加えてよく混ぜる。
3. 生地を大さじ3ほど別のボウルに移したら、抹茶を加えて生地で溶く [a]。完全に溶けたら元のボウルに戻して混ぜる。このとき、ラップをして10分以上休ませると、焼いたときに生地がふくらみやすくなる。
4. それぞれの型に生地を半量より少し多めに入れる。
5. 天板に間隔をあけて型を並べる。予熱したオーブンに入れ、220℃で15分焼き、その後170℃に下げて15〜20分焼く。粗熱が取れたら、ナイフを側面に沿わせて型から抜く。

Cinnamon Sugar Popovers
シナモンシュガーポップオーバー

グラニュー糖をつけて焼き直すタイプのポップオーバー。
皮のぱりぱりと、中身のもっちりの食感の違いをより味わえます。

材料（3個分）

- 薄力粉…50g
- 砂 糖…小さじ1/2
- 塩…小さじ1/4
- 卵…1個
- 牛 乳…80cc
- バター（またはオイル）
  - [生地用]…小さじ1
  - [表面に塗る用]…大さじ1

- A グラニュー糖…大さじ2
  - シナモン…小さじ1

下準備

- 卵を室温に戻しておく。牛乳は耐熱容器に入れ、電子レンジで20秒加熱して人肌程度に温める。
- 型にバターまたはオイル（分量外）をたっぷり塗る。
- バターは耐熱容器に入れ、電子レンジで15秒加熱して溶かしておく。オイルを使う場合はそのままでOK。
- オーブンを天板ごと220℃まで予熱する。

作り方

1. ボウルに薄力粉、砂糖、塩を入れ、泡立て器で円を描くように混ぜてダマをなくす。
2. 計量カップやボウルに牛乳を入れ、溶きほぐした卵を加えてしっかり混ぜる。1の中央に少しずつ流し入れ、滑らかになるまで混ぜ合わせる。
3. 溶かしたバター（またはオイル）を加えてよく混ぜる。このとき、ラップをして10分以上休ませると、焼いたときに生地がふくらみやすくなる。
4. それぞれの型に生地を半量より少し多めに入れる。
5. 天板に間隔をあけて型を並べる。予熱したオーブンに入れ、220℃で15分、その後170℃に下げて15〜20分焼く。
6. 料理用のはけやスプーンで表面にバターを1/3量をずつ塗る a 。
7. Aを小さいボウルに混ぜ合わせたら、6の表面にまんべんなくつけ b 、200℃に予熱したオーブンまたはオーブントースターで1分ほど焼く。粗熱が取れたら、ナイフを側面に沿わせて型から抜く。

Raspberry Chocolate Popovers
ラズベリーチョコポップオーバー

Caramel Popovers
キャラメルポップオーバー

Raspberry Chocolate Popovers
ラズベリーチョコ ポップオーバー

ベリーの酸味とチョコの甘みがたまらない一品。
ホワイトチョコレートは板タイプでOK。

材料 （3個分）

薄力粉…50g	バター（またはオイル）
砂　糖…小さじ1/2	…小さじ1
塩…小さじ1/4	冷凍ラズベリー…15g（約9粒）
卵…1個	ホワイトチョコレート
牛　乳…80cc	（細かく刻む）…10g

下準備

・卵を室温に戻しておく。牛乳は耐熱容器に入れ、電子レンジで20秒ほど加熱して人肌程度に温める。
・型にバターまたはオイル（分量外）をたっぷり塗る。
・バターは耐熱容器に入れ、電子レンジで15秒ほど加熱して溶かしておく。オイルを使う場合はそのままでOK。
・オーブンを天板ごと220℃まで予熱する。

作り方

1. ボウルに薄力粉、砂糖、塩を入れ、泡立て器で円を描くように混ぜてダマをなくす。
2. 計量カップやボウルに牛乳を入れ、溶きほぐした卵を加えてしっかり混ぜる。❶の中央に少しずつ流し入れ、滑らかになるまで混ぜ合わせる。
3. 溶かしたバター（またはオイル）を加えて混ぜる。このとき、ラップをして10分以上休ませると、焼いたとき生地がふくらみやすくなる。
4. それぞれの型に生地を半量より少し多めに入れ、軽く手でほぐしたラズベリーとホワイトチョコレートを1/3量ずつ加える a 。
5. 天板に間隔をあけて型を並べる。予熱したオーブンに入れ、220℃で15分、その後160℃に下げて15〜20分焼く。粗熱が取れたら、ナイフを側面に沿わせて型から抜く。

Caramel Popovers
キャラメル ポップオーバー

市販のキャラメルを刻んで入れるだけの簡単レシピ。
生地がふくらむと全体にキャラメルが行きわたります。

材料 （3個分）

薄力粉…50g	バター（またはオイル）
砂　糖…小さじ1/2	…小さじ1
塩…小さじ1/4	キャラメル（細かく刻む）
卵…1個	…15g
牛　乳…80cc	

下準備

・卵を室温に戻しておく。牛乳は耐熱容器に入れ、電子レンジで20秒ほど加熱して人肌程度に温める。
・型にバターまたはオイル（分量外）をたっぷり塗る。
・バターは耐熱容器に入れ、電子レンジで15秒ほど加熱して溶かしておく。オイルを使う場合はそのままでOK。
・オーブンを天板ごと220℃まで予熱する。

作り方

1. ボウルに薄力粉、砂糖、塩を入れ、泡立て器で円を描くように混ぜてダマをなくす。
2. 計量カップやボウルに牛乳を入れ、溶きほぐした卵を加えてしっかり混ぜる。❶の中央に少しずつ流し入れ、滑らかになるまで混ぜ合わせる。
3. 溶かしたバター（またはオイル）を加えて混ぜる。このとき、ラップをして10分以上休ませると、焼いたときに生地がふくらみやすくなる。
4. それぞれの型に生地を半量より少し多めに入れ、キャラメルを1/3量ずつ加える。
5. 天板に間隔をあけて型を並べる。予熱したオーブンに入れ、220℃で15分、その後160℃に下げて15〜20分焼く。粗熱が取れたら、ナイフを側面に沿わせて型から抜く。

キャラメル

スーパーで売っている市販のものでOK。いろいろな味のバリエーションを試してみるのもおすすめ。

SAVORY

チーズや葉物を入れた、塩気のある甘くないポップオーバー。
そのまま食べてもおいしいのはもちろん、どんな食材とも合うので
パン感覚でいつもの食事に添えて楽しみましょう。

Cheese Popovers
チーズポップオーバー

生地に練り込んで焼き上げた、とろりとしたチーズが絶品。
ピザ用チーズをそのまま混ぜて焼くだけなので、簡単に作れます。

材料（3個分）

薄力粉…50g
砂　糖…小さじ1/2
塩…小さじ1/4
卵…1個
牛　乳…80cc
バター（またはオイル）…小さじ1
ピザ用チーズ…15g

下準備

・卵を室温に戻しておく。牛乳は耐熱容器に入れ、電子レンジで20秒ほど加熱して人肌程度に温める。
・型にバターまたはオイル（分量外）をたっぷり塗る。
・バターは耐熱容器に入れ、電子レンジで15秒ほど加熱して溶かしておく。オイルを使う場合はそのままでOK。
・オーブンを天板ごと220℃まで予熱する。

作り方

❶ ボウルに薄力粉、砂糖、塩を入れ、泡立て器で円を描くように混ぜてダマをなくす。

❷ 計量カップやボウルに牛乳を入れ、溶きほぐした卵を加えてしっかり混ぜる。❶の中央に少しずつ流し入れ、滑らかになるまで混ぜ合わせる。さらに溶かしたバター（またはオイル）を加えてよく混ぜる。このとき、ラップをして10分以上休ませると、焼いたときに生地がふくらみやすくなる。

❸ それぞれの型に生地を半量より少し多めに入れ、ピザ用チーズを1/3量ずつ加える。

❹ 天板に間隔をあけて型を並べる。予熱したオーブンに入れ、220℃で15分、その後170℃に下げて15〜20分焼く。粗熱が取れたら、ナイフを側面に沿わせて型から抜く。

MEMO

焼けたものにチーズを適量のせて、もう一度焼き直すと、よりチーズ感が出ます。温度と時間の目安は200℃に予熱したオーブンまたはオーブントースターで1分ほど。

Tomato Basil Popovers
トマト＆バジルポップオーバー

Corn Popovers
コーンポップオーバー

Tomato Basil Popovers
トマト＆バジル ポップオーバー

うまみが凝縮されたドライトマトに
相性のいいバジルの組み合わせ。彩りもあざやかです。

材料（3個分）

薄力粉…50g	牛乳…80cc
砂糖…小さじ1/2	バター（またはオイル）
塩…小さじ1/4	ドライトマト…3個（8g）
卵…1個	バジル…1枚

下準備

・卵を室温に戻しておく。牛乳は耐熱容器に入れ、電子レンジで20秒ほど加熱して人肌程度に温める。
・型にバターまたはオイル（分量外）をたっぷり塗る。
・バターは耐熱容器に入れ、電子レンジで15秒ほど加熱して溶かしておく。オイルを使う場合はそのままでOK。
・ドライトマトは水で戻しておく。
・オーブンを天板ごと220℃まで予熱する。

作り方

1. ボウルに薄力粉、砂糖、塩を入れ、泡立て器で円を描くように混ぜてダマをなくす。
2. 計量カップやボウルに牛乳を入れ、溶きほぐした卵を加えてしっかり混ぜる。1の中央に少しずつ流し入れ、滑らかになるまで混ぜ合わせる。さらに溶かしたバター（またはオイル）を加えてよく混ぜる。このとき、ラップをして10分以上休ませると、生地がふくらみやすくなる。
3. ドライトマトとバジルの葉をみじん切りにし、加えて混ぜる。
4. それぞれの型に生地を半量より少し多めに入れる。
5. 天板に間隔をあけて型を並べる。予熱したオーブンに入れ、220℃で15分、その後170℃に下げて15～20分焼く。粗熱が取れたら、ナイフを側面に沿わせて型から抜く。

ドライトマト
焼く際に水分が出ないよう、ドライトマトを使います。大型スーパーや輸入食料品店で購入可能。

Corn Popovers
コーン ポップオーバー

ぷちぷち食感のコーンポップオーバー。
コーンのほのかな甘みと、チーズの塩気が合います。

材料（3個分）

薄力粉…50g	バター（またはオイル）…小さじ1
砂糖…小さじ1/2	コーン缶
塩…小さじ1/4	（水切りしたもの）…大さじ1
卵…1個	ピザ用チーズ…5g
牛乳…80cc	

下準備

・卵を室温に戻しておく。牛乳は耐熱容器に入れ、電子レンジで20秒ほど加熱して人肌程度に温める。
・型にバターまたはオイル（分量外）をたっぷり塗る。
・バターは耐熱容器に入れ、電子レンジで15秒ほど加熱して溶かしておく。オイルを使う場合はそのままでOK。
・オーブンを天板ごと220℃まで予熱する。

作り方

1. ボウルに薄力粉、砂糖、塩を入れ、泡立て器で円を描くように混ぜてダマをなくす。
2. 計量カップやボウルに牛乳を入れ、溶きほぐした卵を加えてしっかり混ぜる。1の中央に少しずつ流し入れ、滑らかになるまで混ぜ合わせる。さらに溶かしたバター（またはオイル）を加えてよく混ぜる。このとき、ラップをして10分以上休ませると、焼いたときに生地がふくらみやすくなる。
3. それぞれの型に生地を半量より少し多めに入れ、コーンとピザ用チーズを1/3量ずつ加える。
4. 天板に間隔をあけて型を並べる。予熱したオーブンに入れ、220℃で15分、その後170℃に下げて15～20分焼く。粗熱が取れたら、ナイフを側面に沿わせて型から抜く。

RECIPE ▶ P30
Curry Popovers
カレーポップオーバー

RECIPE ▶ P30
Bacon & Chive Popovers
ベーコン&チャイブポップオーバー

Lemon & Black Pepper Popovers
レモンペッパーポップオーバー

Sesame Popovers
セサミポップオーバー

Lemon & Black Pepper Popovers
レモンペッパー ポップオーバー

プレーンなポップオーバーに、さっぱりしたレモンの風味とブラックペッパーがぴりりときく一品。

材料（3個分）

薄力粉…50g	バター（またはオイル）…小さじ1
砂　糖…小さじ1/2	レモンの皮のすりおろし
塩…小さじ1/4	…1/4個分
卵…1個	こしょう（あらびき）…少々
牛　乳…80cc	

下準備
- 卵を室温に戻しておく。牛乳は耐熱容器に入れ、電子レンジで20秒ほど加熱して人肌程度に温める。
- 型にバターまたはオイル（分量外）をたっぷり塗る。
- バターは耐熱容器に入れ、電子レンジで15秒ほど加熱して溶かしておく。オイルを使う場合はそのままでOK。
- オーブンを天板ごと220℃まで予熱する。

作り方
1. ボウルに薄力粉、砂糖、塩を入れ、泡立て器で円を描くように混ぜてダマをなくす。
2. 計量カップやボウルに牛乳を入れ、溶きほぐした卵を加えてしっかり混ぜる。❶の中央に少しずつ流し入れ、滑らかになるまで混ぜ合わせる。さらに溶かしたバター（またはオイル）を加えてよく混ぜる。
3. レモンの皮のすりおろしを加え [a]、こしょうを振り入れて混ぜる。このとき、ラップをして10分以上休ませると、生地がふくらみやすくなる。
4. それぞれの型に生地を半量より少し多めに入れる。
5. 型を天板に間隔をあけて並べる。予熱したオーブンに入れ、220℃で15分、その後170℃に下げて15～20分焼く。粗熱が取れたら、ナイフを側面に沿わせて型から抜く。

Sesame Popovers
セサミ ポップオーバー

ヘルシーで体にもやさしい黒ごま。
焼き立てを割ると、黒ごまの香ばしい風味が広がります。

材料（3個分）

薄力粉…50g	バター（またはオイル）…小さじ1
砂　糖…小さじ1/2	黒ごま…大さじ1/2
塩…小さじ1/4	
卵…1個	
牛　乳…80cc	

下準備
- 卵を室温に戻しておく。牛乳は耐熱容器に入れ、電子レンジで20秒ほど加熱して人肌程度に温める。
- 型にバターまたはオイル（分量外）をたっぷり塗る。
- バターは耐熱容器に入れ、電子レンジで15秒ほど加熱して溶かしておく。オイルを使う場合はそのままでOK。
- オーブンを天板ごと220℃まで予熱する。

作り方
1. ボウルに薄力粉、砂糖、塩を入れ、泡立て器で円を描くように混ぜてダマをなくす。
2. 計量カップやボウルに牛乳を入れ、溶きほぐした卵を加えてしっかり混ぜる。❶の中央に少しずつ流し入れ、滑らかになるまで混ぜ合わせる。
3. 溶かしたバター（またはオイル）を加えてよく混ぜる。このとき、ラップをして10分以上休ませると、焼いたときに生地がふくらみやすくなる。
4. それぞれの型に生地を半量より少し多めに入れたら、黒ごまを1/3量ずつ入れる [a]。
5. 型を天板に間隔をあけて並べる。予熱したオーブンに入れ、220℃で15分、その後170℃に下げて15～20分焼く。粗熱が取れたら、ナイフを側面に沿わせて型から抜く。

Curry Popovers
カレー
ポップオーバー

生地にカレー粉をそのまま混ぜたカレー風味。
スパイシーな香りで食欲もアップ。

材料 (3個分)

薄力粉…50g　　バター(またはオイル)…小さじ1
砂　糖…小さじ1/2　カレー粉…小さじ1
塩…小さじ1/4
卵…1個
牛　乳…80cc

下準備

・卵を室温に戻しておく。牛乳は耐熱容器に入れ、電子レンジで20秒ほど加熱して人肌程度に温める。
・型にバターまたはオイル(分量外)をたっぷり塗る。
・バターは耐熱容器に入れ、電子レンジで15秒ほど加熱して溶かしておく。オイルを使う場合はそのままでOK。
・オーブンを天板ごと220℃まで予熱する。

作り方

1. ボウルに薄力粉、砂糖、塩を入れ、泡立て器で円を描くように混ぜてダマをなくす。
2. 計量カップやボウルに牛乳を入れ、溶きほぐした卵を加えてしっかり混ぜる。❶の中央に少しずつ流し入れ、滑らかになるまで混ぜ合わせる。さらに溶かしたバター(またはオイル)を加えてよく混ぜる。
3. 生地にカレー粉を加えてよく混ぜる。このとき、ラップをして10分以上休ませると、焼いたときに生地がふくらみやすくなる。
4. それぞれの型に生地を半量より少し多めに入れる。
5. 天板に間隔をあけて型を並べる。予熱したオーブンに入れ、220℃で15分、その後170℃に下げて15〜20分焼く。粗熱が取れたら、ナイフを側面に沿わせて型から抜く。

カレー粉

好みのものを使いましょう。カレールーだと粘り気が出てしまうので、パウダータイプにすること。

Bacon & Chive Popovers
ベーコン＆チャイブ
ポップオーバー

ベーコンのしょっぱさが絶妙なおかずポップオーバー。
忙しい朝の朝食代わりにもおすすめです。

材料 (3個分)

薄力粉…50g　　バター(またはオイル)…小さじ1
砂　糖…小さじ1/2　ベーコン(薄切り)…25g
塩…小さじ1/4　　チャイブ(または万能ねぎ、あさつき)
卵…1個　　　　　　…大さじ1
牛　乳…80cc

下準備

・卵を室温に戻しておく。牛乳は耐熱容器に入れ、電子レンジで20秒ほど加熱して人肌程度に温める。
・型にバターまたはオイル(分量外)をたっぷり塗る。
・バターは耐熱容器に入れ、電子レンジで15秒ほど加熱して溶かしておく。オイルを使う場合はそのままでOK。
・オーブンを天板ごと220℃まで予熱する。

作り方

1. ボウルに薄力粉、砂糖、塩を入れ、泡立て器で円を描くように混ぜてダマをなくす。
2. 計量カップやボウルに牛乳を入れ、溶きほぐした卵を加えてしっかり混ぜる。❶の中央に少しずつ流し入れ、滑らかになるまで混ぜ合わせる。さらに溶かしたバター(またはオイル)を加えてよく混ぜる。このときラップをして10分以上休ませると、焼いたときに生地がふくらみやすくなる。
3. ベーコンを5mmの短冊切り、チャイブをみじん切りにする。
4. それぞれの型に生地を半量より少し多めに入れ、ベーコンとチャイブを1/3量ずつ入れる。
5. 天板に間隔をあけて型を並べる。予熱したオーブンに入れ、220℃で15分、その後170℃に下げて15〜20分焼く。粗熱が取れたら、ナイフを側面に沿わせて型から抜く。

PART 2

DESSERT POPOVERS

デザートポップオーバー

とろりととろけるクリームや、さわやかなフルーツの甘みは
ポップオーバーともよく合います。
このパートでは、甘い食材とポップオーバーを
使ったデザートレシピを紹介します。
卵の風味が豊かなさくさくポップオーバーを
組み合わせるのがおすすめです。

Choice! のアイコンは、上段がそのレシピで使用した
ポップオーバー、下段がそれ以外のおすすめを紹介しています。

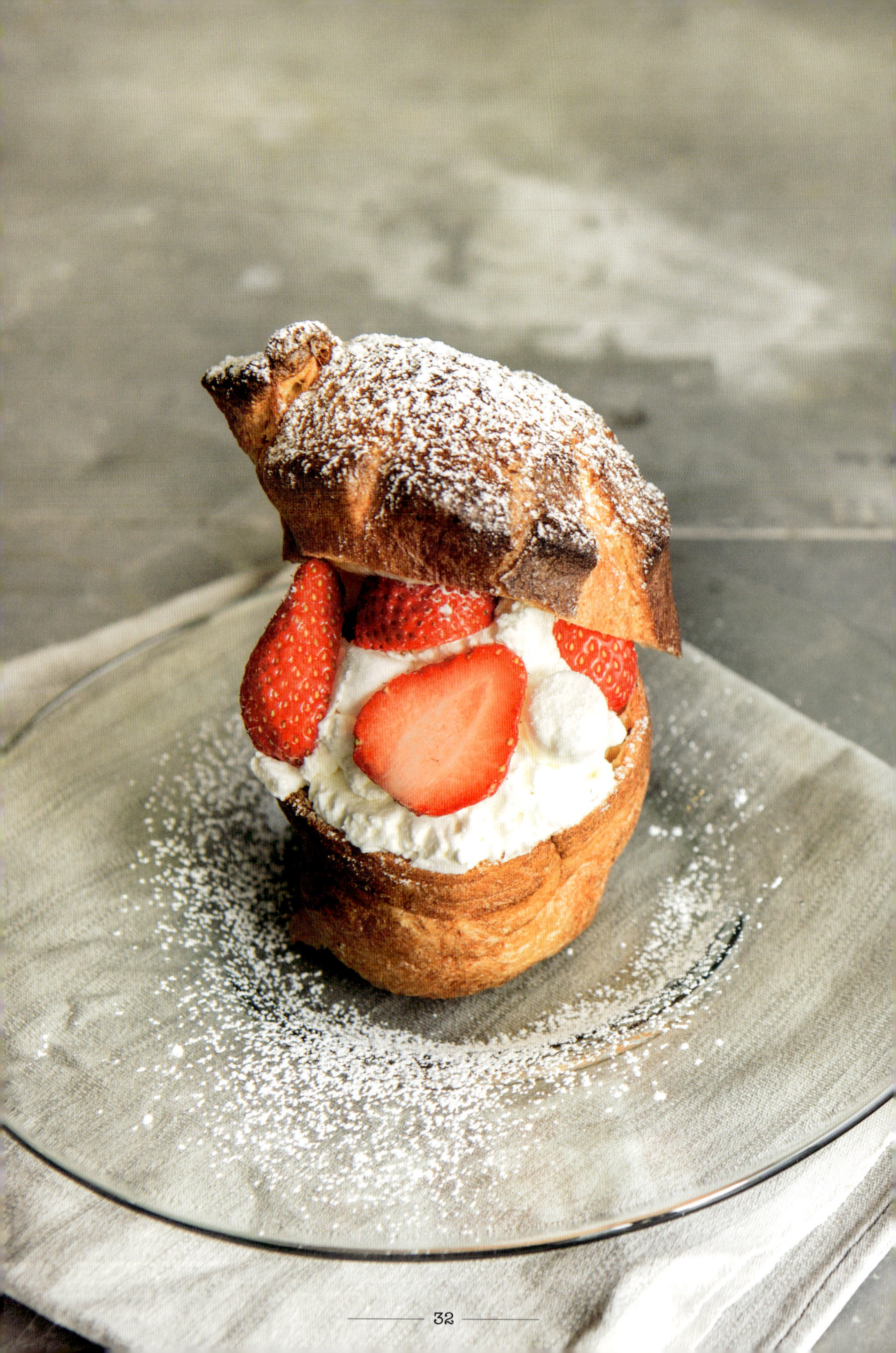

Condensed Milk Cream & Strawberry
練乳クリーム&ストロベリー

ミルキーなクリームといちごが相性抜群。中に入ったマシュマロはクリームと混ぜて少し時間が経つと水分を吸い、ふわっとした食感を楽しめます。

Choice!
おすすめポップオーバー
- ☑ さくさく (P10)
- ☐ ラズベリー (P22)

材料（1人分）

ポップオーバー …1個
（ここではさくさくポップオーバーを使用）

練乳クリーム
　生クリーム…100cc
　マシュマロ…15g
　練　乳…20g

いちご… 3〜4粒
粉砂糖…適量

マシュマロ
食べやすい小粒タイプのものを使用しましょう。大きい場合は、1cm角にカットします。

作り方

Step 1. ポップオーバーを作る
1. さくさくポップオーバー（P10）を作る。お好みの味のポップオーバーでもOK。
2. ポップオーバーは上1/3のところで横に切っておく。上部がふた、下部が器になる。

Step 2. 練乳クリームを作る
1. ボウルに生クリームを入れ、泡立て器で8分立て（すくったとき角がピンと立つ状態）になるまで泡立てる a 。
2. マシュマロの半量と練乳を加え、ゴムベラでさっくりと混ぜ合わせる。

Step 3. 盛りつける
1. ポップオーバーに残りのマシュマロを詰める。
2. さらに練乳クリームを詰める。縦半分に切ったいちごをのせ、その上にポップオーバーのふたをかぶせ、粉砂糖を振る。

MEMO
ポップオーバーの器になる部分は、ダリオール型やプリンカップで作ると縦長、マフィン型で作るとお椀型に近い見た目になります。本書ではレシピによって変えています。

Caramelized Apple

> Choice!
> おすすめ
> ポップオーバー
> ☑ さくさく (P10)
> ☐ シナモンシュガー (P19)

りんごのキャラメリゼ

甘酸っぱいりんごを香ばしいキャラメルで煮詰めました。
アイスクリームやシナモンをトッピングするのもおすすめ。

材料（1人分）

ポップオーバー …1個
（ここではさくさくポップオーバーを使用）

りんごキャラメル
　りんご(紅玉)…120g(小1個)
　砂糖…50g
　生クリーム…50cc

作り方

Step 1. ポップオーバーを作る

❶ さくさくポップオーバー（P10）を作る。お好みの味のポップオーバーでもOK。

❷ ポップオーバーは縦半分に切っておく。

Step 2. りんごキャラメルを作る

❶ りんごは皮をむき、芯を取って1cm角に切る。フライパンに砂糖を入れて中火にかけ、周りがキャラメル色になってきたら a 、りんごを加えて弱火でいためる b 。

❷ しんなりしてきたら、生クリームを加えてとろみがつくまで軽く煮詰める。

Step 3. 盛りつける

❶ ポップオーバーの片方にりんごキャラメルを詰め、その上にもう一方のポップオーバーをのせる。

Peach Melba

Choice!
おすすめ
ポップオーバー
☑ さくさく (P10)
☐ オレンジ (P14)

ピーチメルバ

定番のデザートも、ポップオーバーに入れれば器ごといただけます。
あざやかなラズベリーソースが味の決め手。

材料 （1人分）

ポップオーバー …1個
（ここではさくさくポップオーバーを使用）

ラズベリーソース（作りやすい量）
　冷凍ラズベリー…60g
　砂　糖…大さじ1
　レモン汁…小さじ1
アイスクリーム（バニラ）
　　…2スクープ（約150g）
桃（缶詰）…1/2個分
ライム（お好みで）…適量

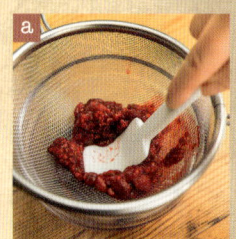

作り方

Step 1. ポップオーバーを作る
① さくさくポップオーバー（P10）を作る。お好みの味のポップオーバーでもOK。
② ポップオーバーは上1/3のところで横に切っておく。上部がふた、下部が器になる。

Step 2. ラズベリーソースを作る
① 冷凍ラズベリーと砂糖を耐熱ボウルに入れ、ラップをせずに電子レンジで1分ほど加熱する。
② ざるの下に別のボウルをあて、ゴムベラを押しつけて①を漉す a 。レモン汁を加えて冷ます。

Step 3. 盛りつける
① ポップオーバーにアイスクリームと食べやすい大きさに切った桃を詰め、ラズベリーソースを上からかける。お好みでラズベリー（分量外）やスライスしたライムを飾る。

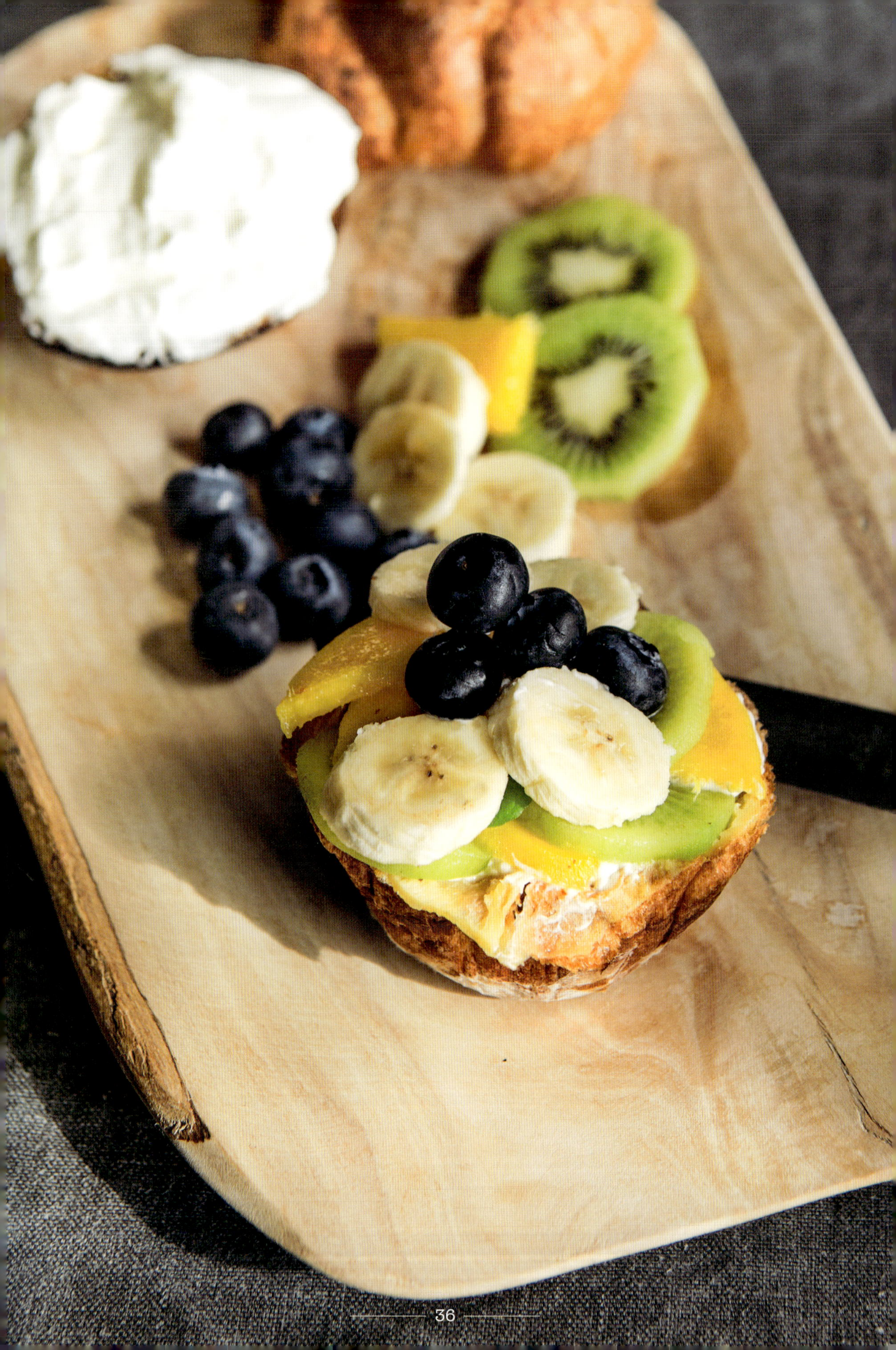

Yogurt Cream & Fruits
ヨーグルトクリーム＆フルーツ

水切りヨーグルトが入ったカロリーひかえめなクリーム。
さわやかな酸味がフルーツやはちみつの甘さとよく合います。

Choice!
おすすめ
ポップオーバー
☑ さくさく (P10)
☐ ブルーベリー (P16)

■ 材 料 （1人分）

ポップオーバー … 1個
（ここではさくさくポップオーバーを使用）

ヨーグルトクリーム
　ヨーグルト…100g
　生クリーム…100cc
　砂　糖…小さじ2
　はちみつ…小さじ2

バナナ…1/4本
キウイ…1/4個
マンゴー…1/4個

ブルーベリー
　…大さじ1（約4粒）

■ 下準備

・ヨーグルトはボウルにざるをのせて、ペーパータオルを敷いた上に入れ、1時間以上水切りしておく a 。

■ 作り方

Step 1. ポップオーバーを作る

❶ さくさくポップオーバー（P10）を作る。お好みの味のポップオーバーでもOK。

❷ ポップオーバーは横半分に切っておく。

Step 2. ヨーグルトクリームを作る

❶ ボウルに生クリームと砂糖を入れて、泡立て器で8分立て（すくったときに角がピンと立つ状態）になるまで泡立てる。水切りしておいたヨーグルトとはちみつを加え、混ぜ合わせる。

Step 3. 盛りつける

❶ ポップオーバーにヨーグルトクリームを詰め、7mmの厚さに輪切りにしたバナナとキウイ、5mm幅にスライスしたマンゴーをバランスよく盛りつけ、最後にブルーベリーをのせる。

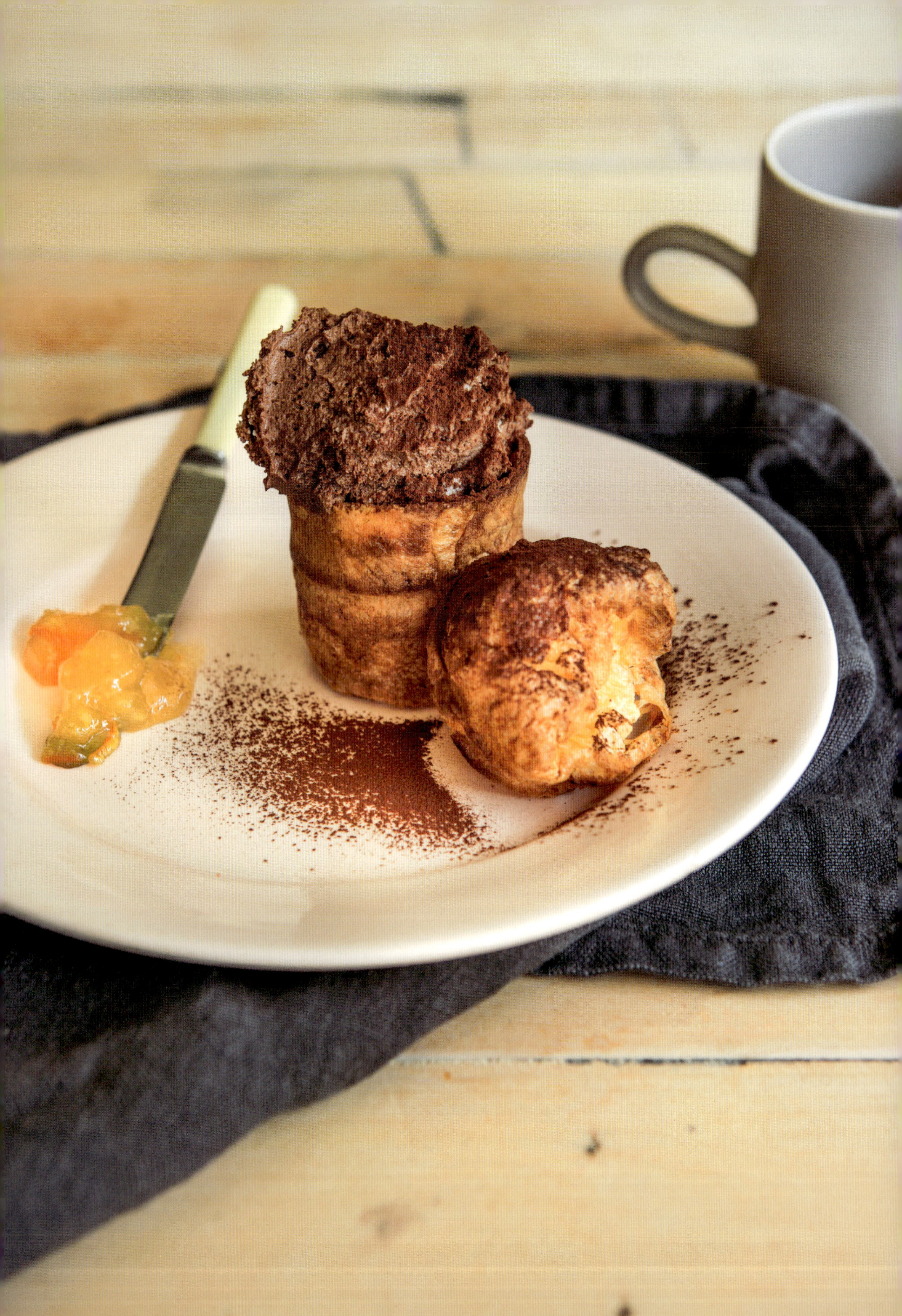

Chocolate Mousse
チョコレートムース

甘すぎない軽やかなチョコレートムース。ボリュームがあるのに、ペロリと食べられます。
酸味のあるラズベリーソース（P35）と合わせても。

Choice! おすすめポップオーバー
- ☑ さくさく（P10）
- ☐ ココア（P18）

材料（1人分）

ポップオーバー　…1個
（ここではココアポップオーバーを使用）

チョコレートムース
　チョコレート…40g
　生クリーム（35%乳脂肪）…50cc
　グランマニエ…大さじ1/2
　卵…1個
　グラニュー糖…大さじ1
ココアパウダー…適量
マーマレード（お好みで）…適量

作り方

Step 1. ポップオーバーを作る
① ココアポップオーバー（P18）を作る。お好みの味のポップオーバーでもOK。
② ポップオーバーは上1/3のところで横に切っておく。上部がふた、下部が器になる。

Step 2. チョコレートムースを作る
① ボウルに粗く刻んだチョコレートと生クリームを入れ、一緒に湯煎にかけて溶かす a 。グランマニエを加えて軽く混ぜる。
② 卵は卵黄と卵白に分ける。卵黄に半量のグラニュー糖を入れて泡立て器でよく混ぜ、粗熱が取れた①に加える。
③ メレンゲを作る。卵白が白っぽくなるまで泡立て器で泡立てたら残りのグラニュー糖を加える。しっかり角が立つまで泡立て、②にさっくりと混ぜ合わせる b 。
④ 冷蔵室で3時間以上冷やして固める。

Step 3. 盛りつける
① ポップオーバーにチョコレートムースをつめ、ココアパウダーを振る。お好みでマーマレードを添えていただく。

Adzuki Beans Icecream
あずきアイス

Sweet Potato Cream
スイートポテトクリーム

Adzuki Beans Icecream
あずきアイス

市販のゆであずきにホイップクリームを混ぜただけの
簡単アイスクリーム。抹茶ポップオーバーとの相性も抜群。

Choice!
おすすめ
ポップオーバー
☑ 抹茶 (P18)
☐ セサミ (P28)

材料 （1〜2人分）

ポップオーバー　…1〜2個
（ここでは抹茶ポップオーバーを使用）

あずきアイス
　生クリーム…100cc
　ゆであずき(缶詰)…100g

作り方

Step 1. ポップオーバーを作る
1. 抹茶ポップオーバー（P18）を作る。お好みの味のポップオーバーでもOK。
2. ポップオーバーは上1/3のところで横に切っておく。上部がふた、下部が器になる。

Step 2. あずきアイスを作る
1. ボウルに生クリームを入れ、泡立て器で8分立て（すくったとき角がピンと立つ状態）になるまで泡立てる。バットに移し、ゆであずきを加え、あずきが全体に行きわたるようにゴムベラでよく混ぜ合わせる a 。
2. 冷凍室で2時間以上冷やし、固める。

Step 3. 盛りつける
1. ポップオーバーに、あずきアイスをスプーンですくって詰める。

Sweet Potato Cream
スイートポテトクリーム

しっとりしたさつまいものフィリングが生地に合います。
さつまいもはじっくりオーブンで予熱せずに焼くと甘く焼き上がります。

Choice!
おすすめ
ポップオーバー
☑ セサミ (P28)
☐ さくさく (P10)

材料 （1〜2人分）

ポップオーバー　…1〜2個
（ここではセサミポップオーバーを使用）

スイートポテトクリーム
　さつまいも…1/2本(100g)
　ブラウンシュガー…大さじ1
　生クリーム…60cc

作り方

Step 1. ポップオーバーを作る
1. セサミポップオーバー（P28）を作る。お好みのポップオーバーでもOK。
2. ポップオーバーは上1/3のところで横に切っておく。上部がふた、下部が器になる。

Step 2. スイートポテトクリームを作る
1. さつまいもを水でよく洗い、ぬれたままアルミホイルでぴったり包む。オーブンを170℃にセットし、30分焼いたら粗熱を取る。皮をむき、すり鉢や、ボウルに入れてフォークなどでつぶす。ブラウンシュガーを加えてなめらかになるまで混ぜる。
2. 生クリームを少しずつ加えながら泡立て器で混ぜて、ペースト状にする a 。

Step 3. 盛りつける
1. ポップオーバーにスイートポテトクリームを詰める。

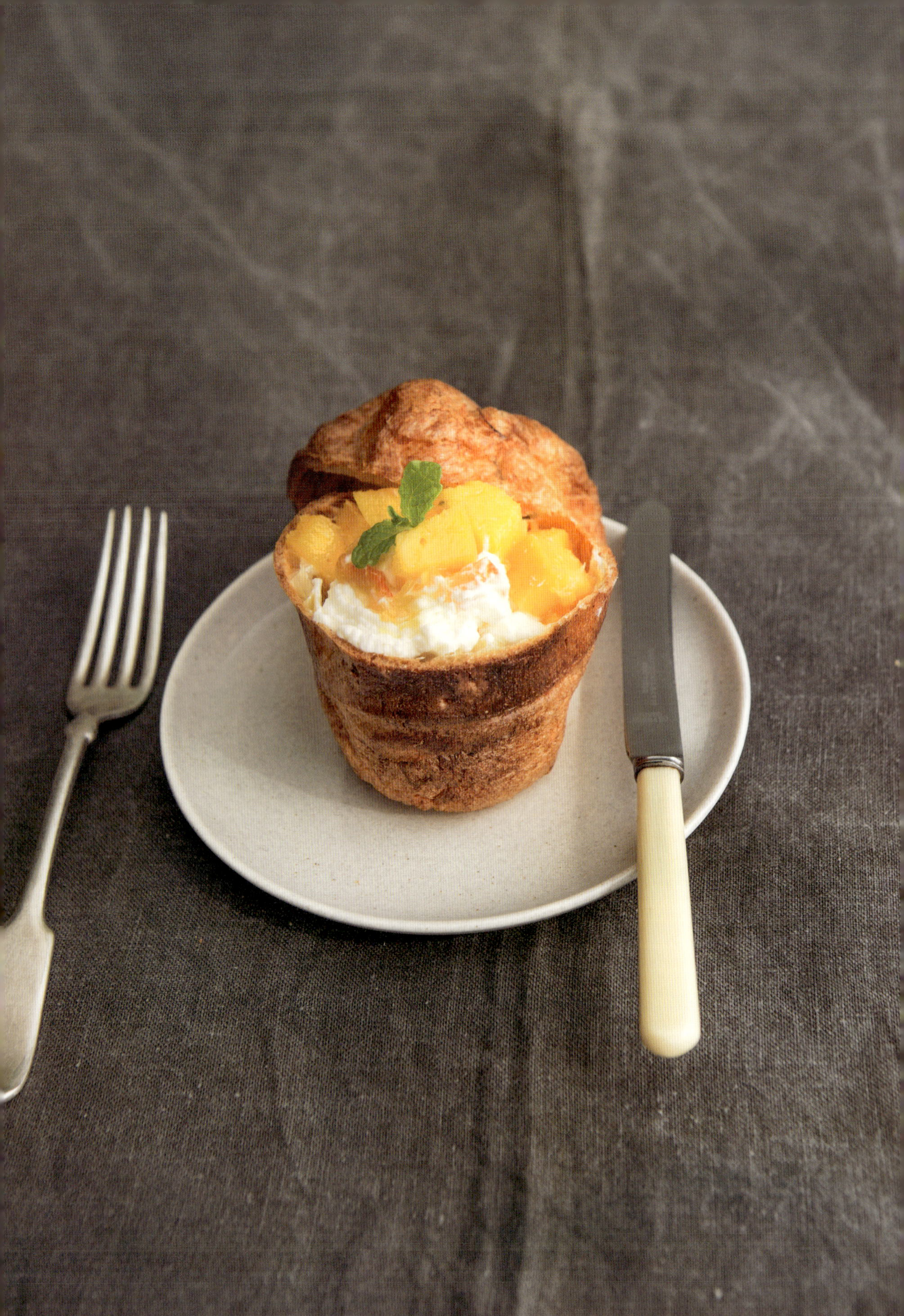

Mango Cheese Cake
マンゴーレアチーズ

滑らかなチーズクリームは、さくっとしたポップオーバーとぴったり。
ほろ苦さをマーマレードでプラスして、あと引く味わいに。

Choice!
おすすめ
ポップオーバー
☑ さくさく（P10）
☐ オレンジ（P14）

材料 （1～2人分）

ポップオーバー　…1～2個
（ここではさくさくポップオーバーを使用）

レアチーズ
　クリームチーズ…50g
　砂　糖…小さじ1
　生クリーム…100cc
　マーマレード…大さじ1
マンゴー…60g
ミント（お好みで）…適量

作り方

Step 1. ポップオーバーを作る

① さくさくポップオーバー（P10）を作る。お好みの味のポップオーバーでもOK。

② ポップオーバーは上1/3のところで横に切っておく。上部がふた、下部が器になる。

Step 2. レアチーズを作る

① クリームチーズは室温に戻すか電子レンジに10秒程度かけ、指で押したときにへこむ程度にやわらかくする a 。ボウルに入れて砂糖と練り混ぜる b 。

② ボウルに生クリームを入れ、泡立て器で8分立て（すくったとき角がピンと立つ状態）になるまで泡立てる。①に加えて、ゴムベラでさっくり混ぜ合わせる。

③ マーマレードを加えて、ゴムベラでさっくり混ぜる c 。

Step 3. 盛りつける

① ポップオーバーにレアチーズを詰め、7mm角に切ったマンゴーをのせ、お好みでミントを飾る。

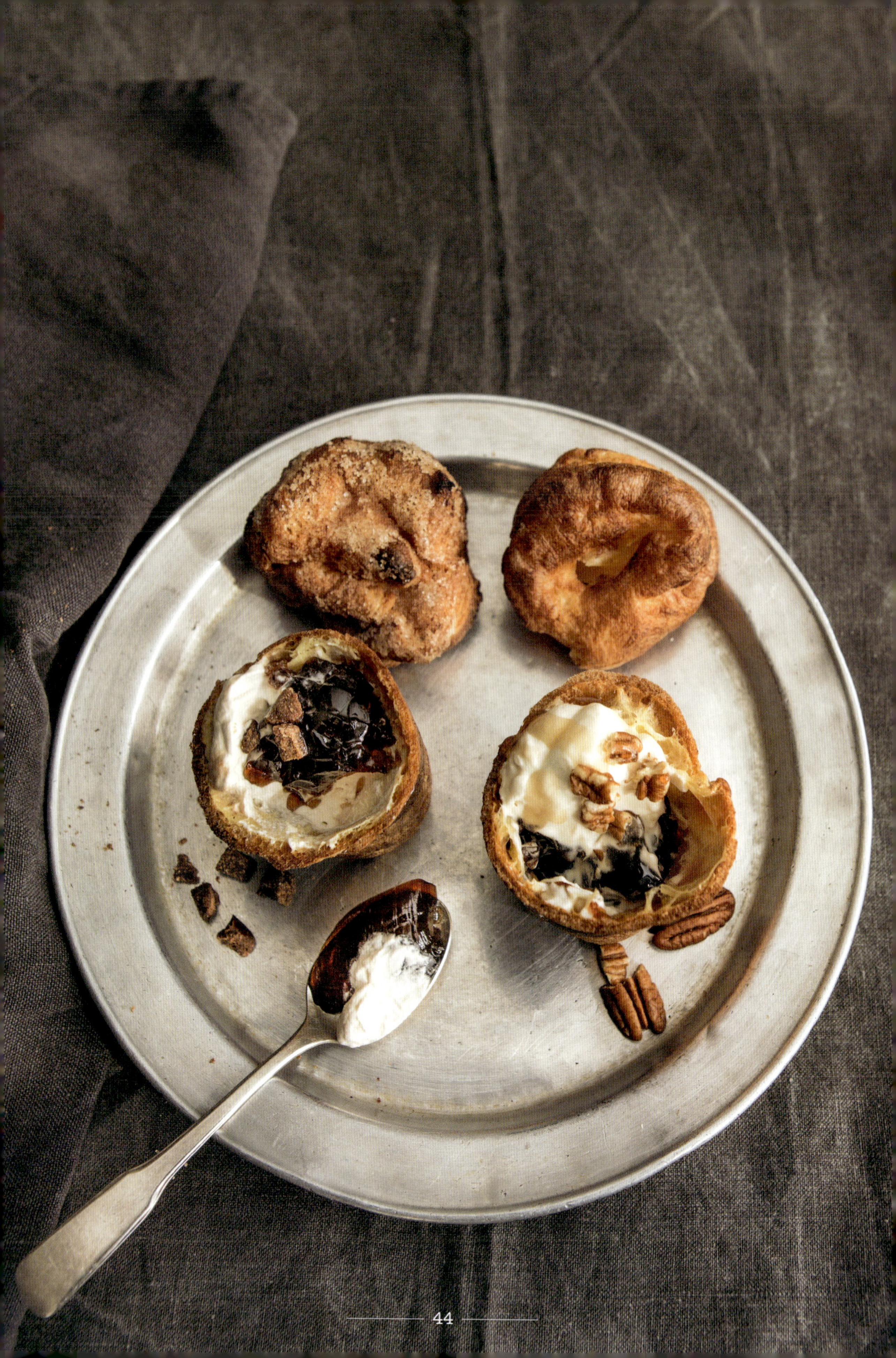

Coffee Jelly
コーヒーゼリー

クリームは甘さの強いメープルクリームか、コクのある黒砂糖クリームかお好みで。
苦めに入れたコーヒーで作ったゼリーとの、甘苦のハーモニーを楽しめます。

Choice!
おすすめ
ポップオーバー
☑ さくさく (P10)
☐ シナモンシュガー(P19)

材料 （2人分）

ポップオーバー …2個
（ここではシナモンシュガーポップオーバーと
さくさくポップオーバーを使用）

コーヒーゼリー
| コーヒー（濃い目に入れたもの）…80cc
| ゼラチン…3g
| 砂糖…小さじ1

クリーム
[メープルクリーム]
| 生クリーム…100g
| メープルシロップ…小さじ2
ピーカンナッツ（お好みで）…適量
または、
[黒砂糖クリーム]
| 黒砂糖（細かく刻む）…10g
| 生クリーム…100g
| 水…大さじ1

下準備

・ゼラチンは水大さじ1（分量外）で
ふやかす a 。

作り方

Step 1. ポップオーバーを作る

❶ さくさくポップオーバー（P10）、またはシナモンシュガーポップオーバー（P19）を作る。お好みの味のポップオーバーでもOK。

❷ ポップオーバーは上1/3のところで横に切っておく。上部がふた、下部が器になる。

Step 2. コーヒーゼリーとクリームを作る

❶ コーヒーゼリーを作る。コーヒーを小鍋で温めてボウルに入れ、熱いうちにゼラチンと砂糖を入れる。ゴムベラでしっかり混ぜ合わせて完全に溶かす b 。

❷ バットに流し入れて、冷蔵室で2時間以上冷やして固める c 。

❸ メープルクリームを作る。ボウルに生クリームを入れ、泡立て器で8分立て（すくったとき角がピンと立つ状態）になるまで泡立て、メープルシロップを加える。または、黒砂糖クリームを作る。黒砂糖に水を大さじ1加えて電子レンジに20〜30秒かけて溶かす d 。粗熱を取り、8分立てにした生クリームを加える。

Step 3. 盛りつける

❶ ポップオーバーに、スプーンでコーヒーゼリーとクリームを交互に詰める。

❷ お好みでメープルシロップ（分量外）とピーカンナッツ、または細かく刻んだ黒砂糖（分量外）を足していただく。

Key Lime Pie

Choice!
おすすめ
ポップオーバー
☑ さくさく (P10)
☐ オレンジ (P14)

キーライムパイ

ライムの酸味と、練乳の甘みのコンビがたまらない味わい。
ライムが特産のフロリダでは、とてもポピュラーなデザートです。

材料 （1～2人分）

ポップオーバー … 1～2個
（ここではさくさくポップオーバーを使用）

キーライムクリーム
- 卵黄… 1個分
- コンデンスミルク…120g
- ライム果汁…60cc（約1と1/2個分）
- ライムの皮のすりおろし…1/2個分

ホイップクリーム（作りやすい量）
- 生クリーム…50cc
- グラニュー糖…大さじ1/2
- ライムの皮のすりおろし…1/2個分

ライム（お好みで）…適量

作り方

Step 1. ポップオーバーを作る

① さくさくポップオーバー（P10）を作る。お好みの味のポップオーバーでもOK。

② ポップオーバーは上1/3のところで横に切っておく。上部がふた、下部が器になる。

Step 2. クリームを作る

① キーライムクリームを作る。ボウルに卵黄、コンデンスミルク、ライム果汁と、ライムの皮のすりおろしを入れ、泡立て器でクリーム状になるまで混ぜる [a]。

② ホイップクリームを作る。別のボウルに生クリームとグラニュー糖、ライムの皮のすりおろしを入れる。泡立て器で8分立て（すくったときに角がピンと立つ状態）になるまで泡立てる。

Step 3. 盛りつける

① ポップオーバーにキーライムクリームを詰め、その上にホイップクリームをのせる。お好みでライムの薄切りを飾る。

Profiterole

Choice!
おすすめ
ポップオーバー
☑ さくさく (P10)
☐ バナナ (P16)

プロフィトロール

小型シュークリームにアイスを詰めたフランス菓子。
市販のバニラアイスと、簡単に作れるソースでお手軽に。

材料 （1～2人分）

ポップオーバー … 1個
（ここではさくさくポップオーバーを使用）

チョコレートソース（作りやすい量）
　牛　乳…20cc
　チョコレート（細かく刻む）…20g
　ラム酒…小さじ1/2
アイスクリーム（バニラ）
　　…2スクープ（約150g）

作り方

Step 1. ポップオーバーを作る
1. さくさくポップオーバー（P10）を作る。お好みの味のポップオーバーでもOK。
2. ポップオーバーは上1/3のところで横に切っておく。上部がふた、下部が器になる。

Step 2. チョコレートソースを作る
1. 牛乳を温め、ボウルに入れたチョコレートに半量注ぎ、チョコレートを溶かす。チョコレートが溶けない場合は湯煎にかける。
2. 残りの牛乳を少しずつ加えながらゴムベラで混ぜる [a]。ラム酒を加えてさらになめらかになるまで混ぜる。

Step 3. 盛りつける
1. ポップオーバーにバニラアイスを詰め、チョコレートソースをかける。

RECIPE ▶ P50

Cream Puff Whipped Cream and Custard
シュークリーム　ホイップ＆カスタード

RECIPE ▶ P51

Cream Puff Banana Custard Pudding
シュークリーム　バナナブリュレ

Cream Puff Whipped Cream and Custard
シュークリーム　ホイップ&カスタード

シュー生地より簡単に作れるポップオーバーで、シュークリームを作りましょう。
カスタードクリームは、きちんと火を入れて作るのがおいしさの秘訣。

Choice!
おすすめ
ポップオーバー
☑ さくさく (P10)
☐ ブルーベリー (P16)

材料（3～4人分）

ポップオーバー　…3～4個
（ここではさくさくポップオーバーを使用）

カスタードクリーム
- バニラビーンズ…1/2本
- 牛乳…250cc
- グラニュー糖…60g
- 卵黄…3個分
- 薄力粉…15g

ホイップクリーム
- 生クリーム…100cc
- グラニュー糖…大さじ1

作り方

Step 1. ポップオーバーを作る

① さくさくポップオーバー（P10）を作る。お好みの味のポップオーバーでもOK。

② ポップオーバーは上1/3のところで横に切っておく。上部がふた、下部が器になる。

Step 2. クリームを作る

① カスタードクリームを作る。バニラビーンズの種をしごき出し a 、小鍋に牛乳と一緒に入れる。グラニュー糖の半量を加え、中火にかけて沸騰直前（湯気が立ちはじめるころ）まで温める b 。

② ボウルに卵黄と残りのグラニュー糖を入れ、泡立て器でよく混ぜる c 。

③ ②に薄力粉をふるい入れ、粉っぽさがなくなるまでよく混ぜる d 。

④ ①の1/3量を③に加えて混ぜ e 、小鍋に戻し入れて全体を混ぜ合わせる f 。中火にかけてゆっくりとゴムベラで混ぜる。

⑤ ゴムベラで小鍋の底をこするように、白っぽい泡が消えるまで混ぜ合わせる。小さい固まりが出てきたら g 、ダマをつぶすように泡立て器で混ぜる。

⑥ もったりふつふつとしたクリーム状になってもさらによく混ぜ h 、ツヤが出てきたら火を止める。持ち上げたときに、クリームがとろとろと落ちるやわらかさが目安。

⑦ カスタードをざるで漉し、バットに流す i 。ゴムベラで平らにならしたら、カスタードの表面に直接ラップをかけ、冷蔵室に20分入れ急速に冷やして粗熱を取る j 。

⑧ ホイップクリームを作る。ボウルに生クリームとグラニュー糖を入れる。泡立て器で8分立て（すくったときに角がピンと立つ状態）になるまで泡立てる。

Step 3. 盛りつける

① 冷えたカスタードを泡立て器でなめらかになるまでよくほぐし、ポップオーバーに詰める。ホイップクリームを絞り出し袋に入れて、上から円を描くように絞る（スプーンで盛り上がるようにのせるだけでもよい）。

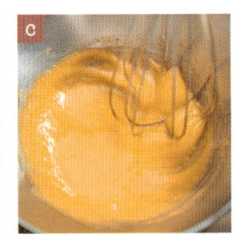

Cream Puff Banana Caramel Custard
シュークリーム　バナナブリュレ

濃厚なカスタードの上をキャラメリゼして、ブリュレにアレンジ。
カスタードとバナナの相性ばっちりのレシピです。

Choice!
おすすめ
ポップオーバー
☑ さくさく (P10)
☐ キャラメル (P22)

材料 （3～4人分）

ポップオーバー　…3～4個
（ここではさくさくポップオーバーを使用）

カスタードクリーム
　バニラビーンズ…1/2本
　牛　乳…250cc
　グラニュー糖…60g
　卵　黄…3個分
　薄力粉…15g

バナナ…約1本(30g)
グラニュー糖…大さじ3～4

作り方

Step 1. ポップオーバーを作る
1. さくさくポップオーバー（P10）を作る。お好みの味のポップオーバーでもOK。
2. ポップオーバーは上1/3のところで横に切っておく。上部がふた、下部が器になる。

Step 2. カスタードクリームを作る
1. P50「シュークリーム　ホイップカスタード」Step2の❶～❼と同様にカスタードクリームを作る。

Step 3. 盛りつける
1. ポップオーバーに5mm角に切ったバナナを詰める。冷えたカスタードを泡立て器でなめらかになるまでよくほぐして入れ、スプーンの背などで表面をならす。グラニュー糖を大さじ1ずつ振りかけて、オーブントースターやバーナーで表面をムラなくキャラメル色になるまで焼く。

MEMO
バナナをマンゴーやいちごなど、別のフルーツで代用しても、カスタードによく合います。りんごのキャラメリゼ（P34）のりんごキャラメルをこちらに入れてもおいしい。

52

Chocolate Haupia Cream
チョコレートハウピアクリーム

ハウピアとは、ココナツミルクを固めたハワイのスイーツのこと。
さっぱりした甘さに少しチョコレートを加え、ラテアート風に仕上げました。

Choice!
おすすめ
ポップオーバー
☑ ココア (P18)
☐ シナモンシュガー(P19)

材料（1～2人分）

ポップオーバー …1～2個
（ここではココアポップオーバーを使用）

ハウピアクリーム
　ココナツミルク…125cc
　牛　乳…50cc
　グラニュー糖…30g
　コーンスターチ…大さじ1と1/2
チョコレート…10g
牛　乳…小さじ1

作り方

Step 1. ポップオーバーを作る

① ココアポップオーバー（P18）を作る。お好みの味のポップオーバーでもOK。
② ポップオーバーは上1/3のところで横に切っておく。上部がふた、下部が器になる。

Step 2. ハウピアクリームを作る

① 小鍋にココナツミルク、牛乳、グラニュー糖を入れ、ゴムベラでよく混ぜる。
② 小さめのボウルにコーンスターチを入れ、①を大さじ2～3加えて混ぜ、小鍋に戻し入れる [a]。
③ 小鍋を中火で熱し、とろみがつくまで泡立て器で全体を混ぜる。混ぜたときに泡立て器の跡が残る程度が目安 [b]。

Step 3. 盛りつける

① 刻んだチョコレートと牛乳をボウルに入れ、湯煎にかけて溶かす。
② ポップオーバーにハウピアクリームをつめ、スプーンで①を表面に落とす。竹串などで円を描くように模様をつける [c]。

DIP ディップ

パンのようにバターをつけて、そのまま手軽に
いただけるのもポップオーバーの魅力。
バターと具材を混ぜるだけで作れる、
簡単なディップをご紹介します。

Strawberry Butter
ストロベリーバター

材料 バター30g、いちご30g、粉砂糖15g、レモンの絞り汁少々

作り方 ボウルにバターを入れ、室温に戻しやわらかくしてクリーム状にする。ヘタを取って5mm角に切ったいちごをつぶしながらボウルに加え、他の材料と混ぜ合わせる。

Orange Butter
オレンジバター

材料 バター30g、マーマレード50g、グランマニエ小さじ1/2（またはオレンジの皮のすりおろし少々）

作り方 ボウルにバターを入れ、室温に戻しやわらかくしてクリーム状にする。他の材料と混ぜ合わせる。

Ginger Spice Honey Butter
ジンジャースパイスハニーバター

材料 バター50g、はちみつ30g、ジンジャーパウダー小さじ1/2、カルダモン（またはシナモン）少々

作り方 ボウルにバターを入れ、室温に戻しやわらかくしてクリーム状にする。他の材料と混ぜ合わせる。

Butterscotch
バタースカッチ

材料 バター30g、ブラウンシュガー30g、ラム酒小さじ1/2、生クリーム20cc

作り方 ボウルにバターを入れ、室温に戻しやわらかくしてクリーム状にする。他の材料と混ぜ合わせる。

Milk Lemon
ミルクレモン

材料 バター50g、練乳大さじ3、レモンの皮のすりおろし1/4、レモン果汁小さじ1/2

作り方 ボウルにバターを入れ、室温に戻しやわらかくしてクリーム状にする。他の材料と混ぜ合わせる。

PART 3

MEAL POPOVERS

お食事ポップオーバー

お腹が空いたら、ポップオーバーを
お食事としていただきましょう。
朝は軽めのサンドイッチ風、
昼や夜はキッシュやグラタン風に…
このパートではおかずとポップオーバーを
組み合わせたお食事レシピを紹介します。

Choice! のアイコンは、上段がそのレシピで使用した
ポップオーバー、下段がそれ以外のおすすめを紹介しています。

56

Cream Spinach & Sunny Side Up
クリームスピナッチ＆目玉焼き

カリっと焼いた目玉焼きに、"ほうれん草のクリーム和え"という意味のクリームスピナッチ。朝食にぴったりなポップオーバープレートです。

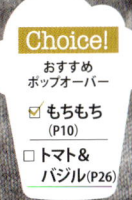

Choice!
おすすめ
ポップオーバー
☑ もちもち (P10)
☐ トマト＆バジル(P26)

材料 (1人分)

ポップオーバー …1個
（ここではもちもちポップオーバーを使用）

クリームスピナッチ（作りやすい量）
　ほうれん草…1/2束(100g)
　バター…小さじ2
　にんにく…1/2かけ
　薄力粉…小さじ1
　牛乳…80cc
　塩・こしょう…少々
　ナツメグ…少々
卵…1個
オリーブオイル…少々

作り方

Step 1. ポップオーバーを作る
① もちもちポップオーバー（P10）を作る。お好みの味のポップオーバーでもOK。

Step 2. プレートにのせるおかずを作る
① ほうれん草は洗って4cmの長さにカットする。フライパンにバターとにんにくのみじん切りを入れて中火にかける。バターが溶けてきたらほうれん草をしんなりするまでいためる。
② 薄力粉を入れていため a 、牛乳を加える。塩・こしょう、ナツメグを入れてとろみがつくまでいためる b 。
③ 目玉焼きを作る。フライパンにオリーブオイルを熱し、卵を割り入れて半熟になるまで焼く。

Step 3. 盛りつける
① ポップオーバー、クリームスピナッチ、目玉焼きをプレートに盛りつける。

MEMO
アメリカでは、ステーキやローストビーフのつけ合わせとして食べられることが多いクリームスピナッチ。とろけるチーズを少し入れてもおいしい。子どもにも人気のあるレシピです。

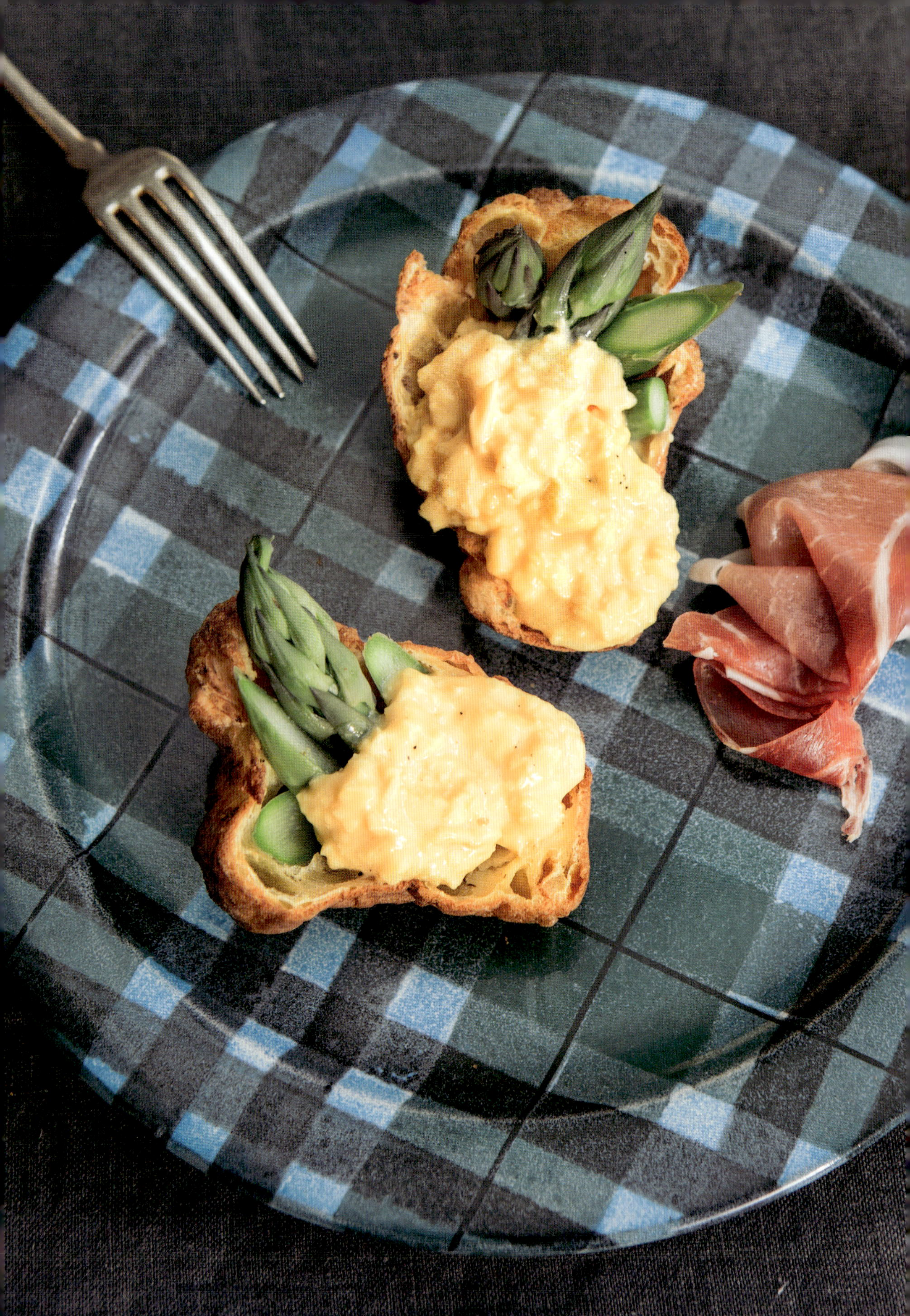

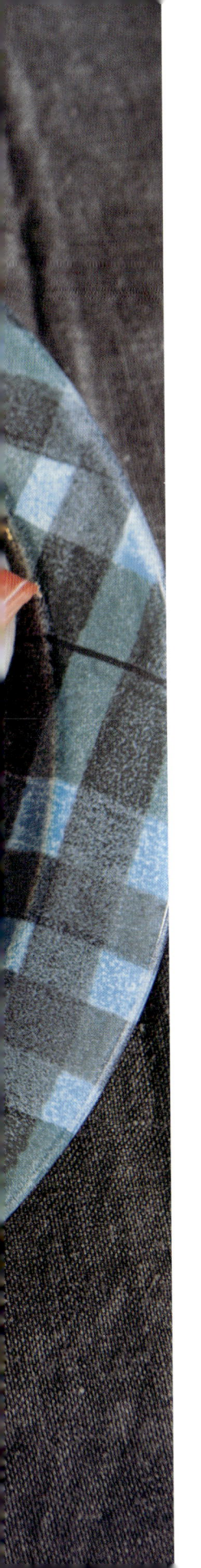

Choice!
おすすめ
ポップオーバー

☑ もちもち (P10)
☐ レモンペッパー(P28)

Scrambled Eggs
スクランブルエッグ

生クリームを多めに入れてとろとろに仕上げました。
相性抜群な卵とアスパラと、生ハムのしょっぱさがアクセント。

■ 材 料 （1人分）

ポップオーバー … 1個
（ここではもちもちポップオーバーを使用）

アスパラガス… 3本

卵… 2個
生クリーム…50cc
塩・こしょう…少々
生ハム…適量

■ 作り方

Step 1. ポップオーバーを作る

① もちもちポップオーバー (P10) を作る。お好みの味のポップオーバーでもOK。
② ポップオーバーは縦半分に切っておく。

Step 2. 中に詰める具材を作る

① アスパラガスはかたい部分を折って取り除き、根元部分の皮をピーラーでむく。沸騰させた湯で塩ゆでして、ざるにあげて2cm幅に切る。
② ボウルに卵を割り入れ、しっかり溶きほぐす。生クリームを入れてよく混ぜ、塩・こしょうを入れてさらに混ぜる。
③ 小さなフライパン（または小鍋）を弱火で熱し、②を入れて菜箸4本（または泡立て器）を使って、手早くしっかりと混ぜる [a]。とろりとしてきたら火を止める。

Step 3. 盛りつける

① アスパラガスをポップオーバーに詰め、その上にスクランブルエッグをのせ、生ハムを添える。

Bacon Lettuce Tomato
BLTサンド

Avocado & Shrimp
アボカド＆エビ

Bacon Lettuce Tomato
BLTサンド

サンドイッチの定番をポップオーバーに。
レタスのシャキシャキ感がさくさくとしたポップオーバーに合います。

Choice!
おすすめ
ポップオーバー
☑ さくさく (P10)
☐ チーズ (P24)

材料 （1～2人分）

ポップオーバー … 1個
（ここではさくさくポップオーバーを使用）

BLT
- レタス… 1～2枚 (20g)
- トマト… 1個
- ベーコン… 2切れ
- マスタード… 小さじ1
- マヨネーズ… 大さじ2

作り方

Step 1. ポップオーバーを作る
1. さくさくポップオーバー（P10）を作る。お好みの味のポップオーバーでもOK。
2. ポップオーバーは縦半分に切っておく。

Step 2. 中に詰める具材を作る
1. レタスは洗い水気を切り、粗めの千切りにする。トマトは幅5mmの横に輪切りにする。
2. フライパンを中火で熱して、ベーコンがカリっとするまで両面を焼く。

Step 3. 盛りつける
1. ポップオーバーにマスタードとマヨネーズを混ぜたものを半量塗る。ベーコン、レタス、残りのマスタードとマヨネーズ、トマトをのせる。

Avocado & Shrimp
アボカド＆エビ

まったりとした食感のアボカドに、プリプリのエビを合わせた定番。
アボカドは栄養価も高く、美容効果があるのもうれしい。

Choice!
おすすめ
ポップオーバー
☑ もちもち (P10)
☐ レモンペッパー (P28)

材料 （1～2人分）

ポップオーバー … 1個
（ここではもちもちポップオーバーを使用）

アボカド＆エビ
- エビ… 6尾
- 紫玉ねぎ… 1/4個 (30g)
- ライム果汁… 小さじ1/2
- アボカド… 1/2個
- マヨネーズ… 大さじ1
- 塩・こしょう… 少々

作り方

Step 1. ポップオーバーを作る
1. もちもちポップオーバー（P10）を作る。お好みの味のポップオーバーでもOK。
2. ポップオーバーは縦半分に切っておく。

Step 2. 中に詰める具材を作る
1. エビは殻を取り背わたを抜いて、少々の塩と酒（分量外）でもむ。鍋に湯を沸かし、エビをゆでる。
2. 紫玉ねぎはごく薄切りにし、塩でもんでボウルに入れ、ライム果汁の半量で和えておく。アボカドは半分に切って種を取り、さいころ状に切ってボウルに入れる。
3. ①を②に加え、残りのライム果汁とマヨネーズで和え、塩・こしょうで味を調える。

Step 3. 盛りつける
1. ポップオーバーに具材を詰める。

RECIPE ▷ P64

Mexican Tacos
メキシカンタコス

Potato Salad
ポテトサラダ

RECIPE ▶ P65

Deep-fried
Tofu Gado-gado
厚揚げのガドガド

Pumpkin Soy Milk Salad
カボチャの豆乳サラダ

Mexican Tacos
メキシカンタコス

夏にぴったりなメキシコ料理をポップオーバーにアレンジ。
肉と野菜のうまみを一度に味わえるジューシーな一品。

Choice!
おすすめ
ポップオーバー
☑ もちもち (P10)
☐ ベーコン&チャイブ (P28)

材料（1～2人分）

ポップオーバー…1個
（ここではもちもちポップオーバーを使用）

メキシカンミート
- 合いびき肉…100g
- 玉ねぎ…1/4個(30g)
- にんにく…少々
- トマトケチャップ…大さじ1と1/2
- しょうゆ…小さじ1/2
- ウスターソース…大さじ1/2

レタス…1～2枚(20g)
トマト…1/2個(50g)
アボカド…1/2個
チーズ…10g
タコスチップ（お好みで）…適量

作り方

Step 1. ポップオーバーを作る
1. もちもちポップオーバー（P10）を作る。お好みの味のポップオーバーでもOK。
2. ポップオーバーは縦半分に切っておく。

Step 2. メキシカンミートを作る
1. フライパンを中火で熱し、合いびき肉、みじん切りにした玉ねぎと、にんにくを入れていためる。
2. 火が通ったら、トマトケチャップ、しょうゆ、ウスターソースを加えて全体になじむまで混ぜ合わせる。

Step 3. 盛りつける
1. レタスは千切りにし、トマトは5mm角に切る。アボカドは種を取り、1cm角に切る。
2. レタス、トマト、アボカド、チーズをポップオーバーに盛りつけ、メキシカンミートをかける。お好みでタコスチップスを添える。

Potato Salad
ポテトサラダ

サンドイッチ感覚で楽しめるレシピ。
さくさく生地とまろやかなポテトサラダの濃厚な味が絶妙。

Choice!
おすすめ
ポップオーバー
☑ もちもち (P10)
☐ カレー (P28)

材料（1～2人分）

ポップオーバー…1個
（ここではもちもちポップオーバーを使用）

ポテトサラダ
- きゅうり…1/2本(50g)
- 紫玉ねぎ…1/4個(30g)
- 酢…小さじ1
- じゃがいも…1個(160g)
- マヨネーズ…大さじ2
- 塩・こしょう…少々

ゆで卵…1個

作り方

Step 1. ポップオーバーを作る
1. もちもちポップオーバー（P10）を作る。お好みの味のポップオーバーでもOK。
2. ポップオーバーは縦半分に切っておく。

Step 2. ポテトサラダを作る
1. きゅうりはごく薄切りにして塩もみをしておく。紫玉ねぎもごく薄切りにして塩もみし、酢で和えておく。
2. じゃがいもは耐熱容器に入れてラップをかけ、レンジで3～4分加熱する。皮をむき、ボウルに入れて熱いうちに軽くつぶす。紫玉ねぎ、マヨネーズを加えて混ぜ、塩・こしょうで味を調える。粗熱が取れたらきゅうりと一口大に切ったゆで卵を混ぜ合わせる。

Step 3. 盛りつける
1. ポテトサラダをポップオーバーに盛りつける。

Deep-fried Tofu Gado-gado
厚揚げのガドガド

野菜類と厚揚げに、甘辛のピーナツソースをかけた
食べ応えのある一品。しっかりしたお食事としていただけます。

Choice!
おすすめ
ポップオーバー
☑ もちもち (P10)
☐ セサミ (P28)

材料 （1〜2人分）

ポップオーバー　…1個
（ここではもちもちポップオーバーを使用）

ピーナツソース（作りやすい量）
- **A** ピーナツバター…50g
- ライム果汁…大さじ1
- ナンプラー…小さじ2
- しょうゆ…小さじ2
- にんにくのすりおろし…少々
- 豆板醤（または一味）…少々
- はちみつ…小さじ1/2
- 豆　乳（または牛乳）…大さじ2〜3

厚揚げ…70g
アルファルファ、ラディッシュ…適量

作り方

Step 1. ポップオーバーを作る
1. もちもちポップオーバー（P10）を作る。お好みの味のポップオーバーでもOK。
2. ポップオーバーは縦半分に切っておく。

Step 2. ガドガドを作る
1. ピーナツソースを作る。ボウルに**A**を入れ、全て混ぜ合わせる。豆乳（または牛乳）で固さを調節する。
2. 厚揚げは一口大に切り、オーブントースターで2〜3分焼く。

Step 3. 盛りつける
1. ポップオーバーに厚揚げ、アルファルファ、ラディッシュを盛りつけ、ピーナツソースをかける。

MEMO
ガドガドとは、インドネシア語で「寄せ集め・ごちゃ混ぜ」という意味。本場では家庭や屋台で幅広く食されている定番メニュー。それぞれ入っている具材や味つけは全く違うのだとか。

Pumpkin Soy Milk Salad
カボチャの豆乳サラダ

体に良い豆乳をドレッシングに仕立てました。
クリーミーさがカボチャのコクと甘みを引き立てます。

Choice!
おすすめ
ポップオーバー
☑ もちもち (P10)
☐ セサミ (P28)

材料 （1〜2人分）

ポップオーバー　…1個
（ここではもちもちポップオーバーを使用）

カボチャの豆乳サラダ
- カボチャ…150g
- **A** 豆　乳…大さじ2
- 油…大さじ1
- 酢…大さじ1
- 塩・こしょう…少々
- アーモンド、ピーナツなど好みのナッツ類
  （から焼きしたもの）…大さじ1

作り方

Step 1. ポップオーバーを作る
1. もちもちポップオーバー（P10）を作る。お好みの味のポップオーバーでもOK。
2. ポップオーバーは縦半分に切っておく。

Step 2. カボチャの豆乳サラダを作る
1. カボチャは一口大に切る。耐熱容器に入れてラップをかけ、レンジで2〜3分加熱する。竹串がすっと通るくらいが目安。
2. ボウルに**A**を順に入れ、そのつどよく混ぜ合わせ、①を加えてよく和える。

Step 3. 盛りつける
1. ポップオーバーにカボチャの豆乳サラダを盛りつけ、細かく砕いたナッツ類をふりかける。

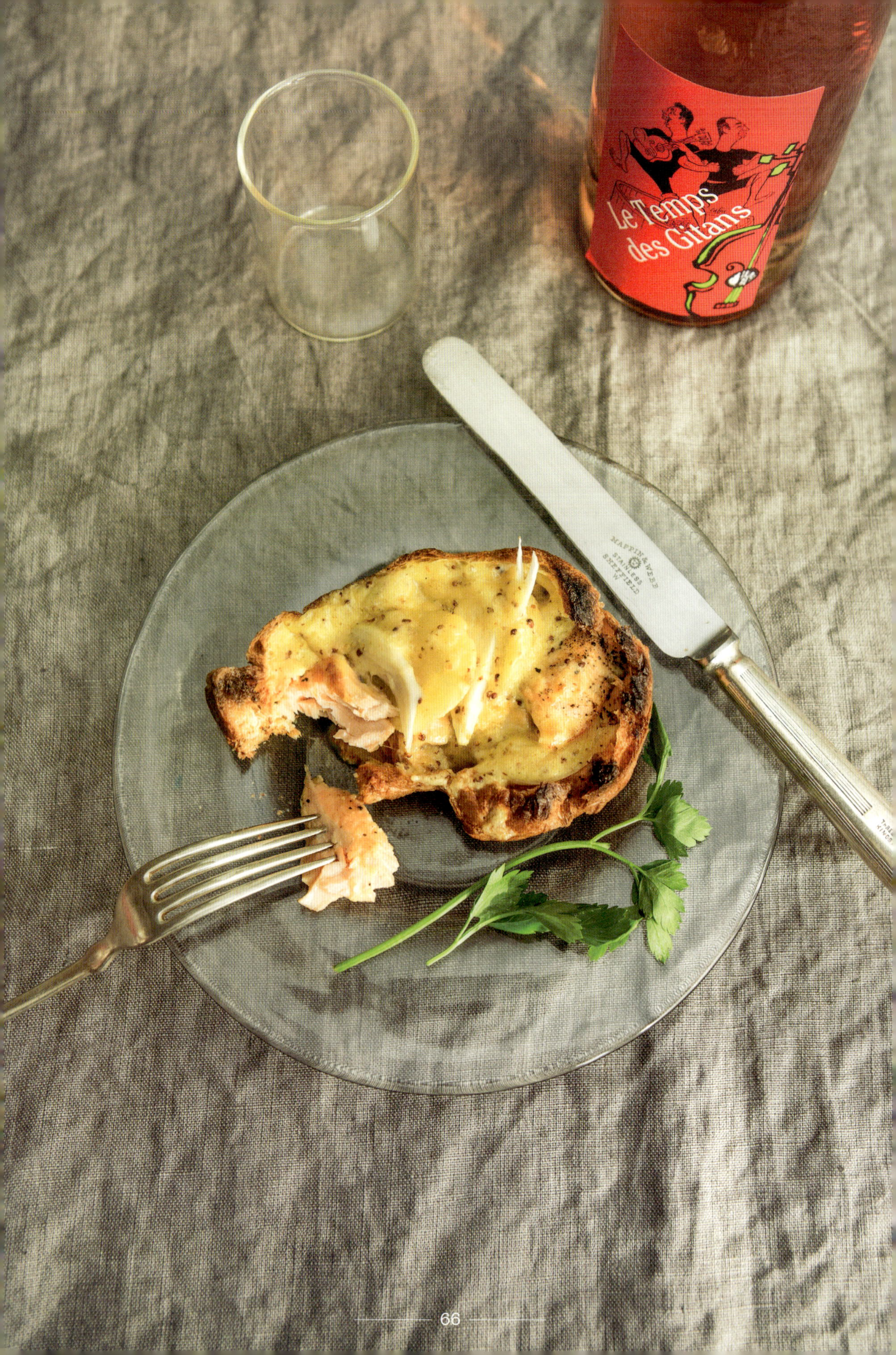
Le Temps
des Gitans

Potato & Salmon Quiche
じゃがいもとサーモンのキッシュ

卵のソースとポップオーバーのさくさくが、口の中でとろけるおいしさ。
パイ生地不使用でカロリーひかえめなのに、食べ応えがあります。

Choice!
おすすめ
ポップオーバー
☑ もちもち (P10)
☐ ベーコン&チャイブ (P28)

材料 (1～2人分)

ポップオーバー …1個
(ここではもちもちポップオーバーを使用)

じゃがいもとサーモンのキッシュ
- 生鮭の切り身…100g
- 塩・こしょう…適量
- 白ワイン…小さじ1
- オリーブオイル…適量
- じゃがいも…2/3個(100g)
- 玉ねぎ…1/4個(30g)
- 卵…1個
- 牛　乳…大さじ1
- 粉チーズ…20g
- 粒マスタード…小さじ1/2

葉野菜(お好みで)…適量

作り方

Step 1. ポップオーバーを作る
1. もちもちポップオーバー(P10)を作る。お好みの味のポップオーバーでもOK。
2. ポップオーバーは縦半分に切っておく。

Step 2. じゃがいもとサーモンのキッシュを作る
1. 生鮭の切り身に塩・こしょうをふり、白ワインをかける。フライパンにオリーブオイルを熱し、中火にして鮭を入れてこんがり焼く [a]。粗熱が取れたら一口大に切っておく。
2. じゃがいもは耐熱容器に入れてラップをかけ、レンジで3～4分加熱する。皮をむき、一口大に切る。玉ねぎはごく薄切りにする。
3. 卵液を作る。ボウルに卵、牛乳、粉チーズ、粒マスタードを入れてよく混ぜる [b]。

Step 3. 仕上げる
1. ポップオーバーにじゃがいもとサーモンと玉ねぎを詰め、上から卵液をかける。180℃に予熱したオーブンで卵液が固まるまで10分、またはオーブントースターでこんがり表面がきつね色になるまで、3～4分焼く。皿に移し、お好みで葉野菜を添える。

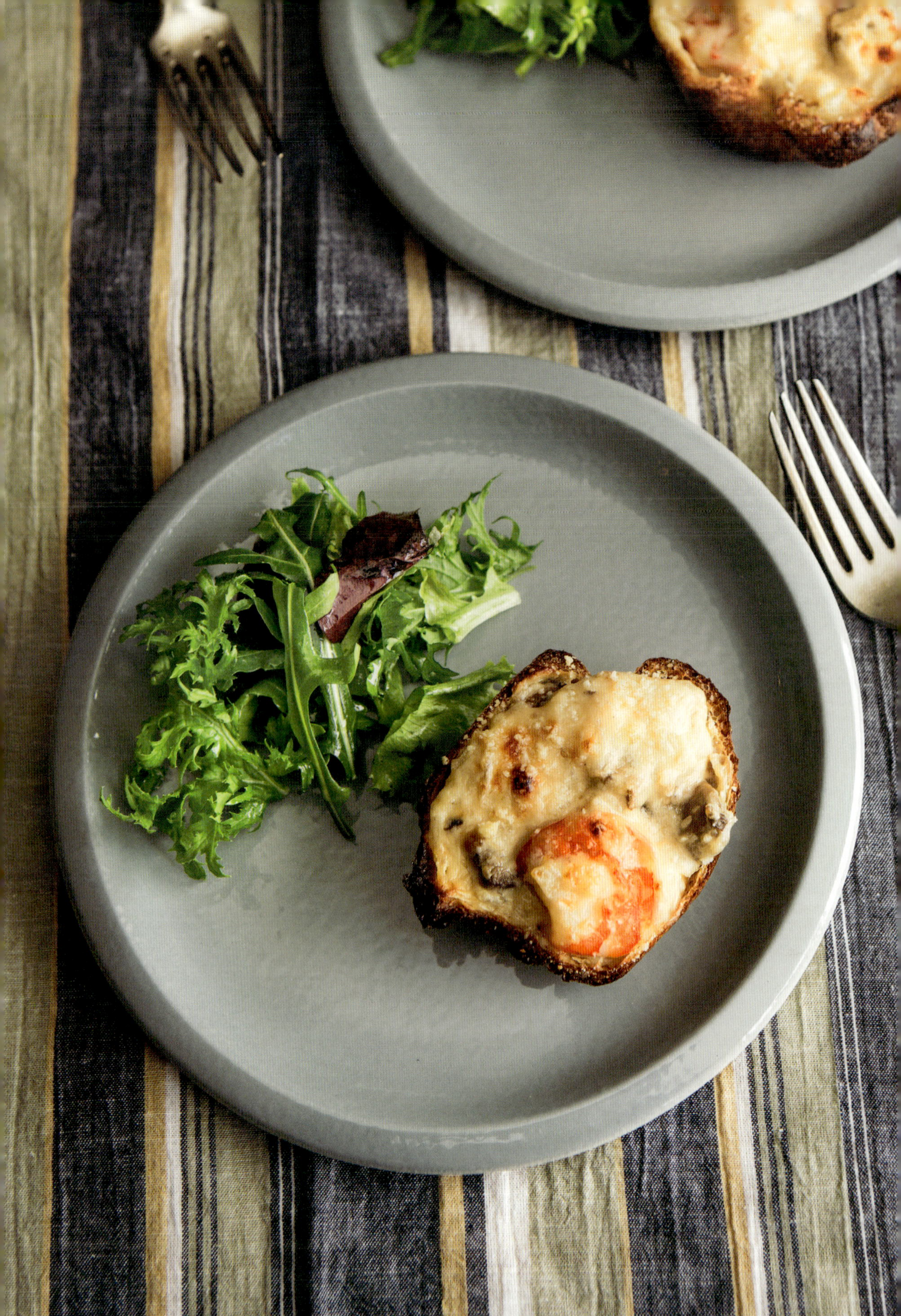

Shrimp & Mushroom Gratin
エビマッシュルームグラタン

ポップオーバーをグラタン皿に見立て、中にソースを入れて焼き上げました。生地にソースが絡んで濃厚な味わいに。

> Choice!
> おすすめポップオーバー
> ☑ もちもち (P10)
> ☐ コーン (P26)

材料 （2人分）

- ポップオーバー … 1個
  （ここではもちもちポップオーバーを使用）

- エビマッシュルームグラタン
  - エ ビ … 6尾（約60g）
  - 玉ねぎ … 1/4個（30g）
  - マッシュルーム … 20g

- バター … 小さじ2
- 薄力粉 … 小さじ2
- 牛 乳 … 120cc
- 塩・こしょう … 少々
- 粉チーズ … 適量
- パン粉 … 適量
- 葉野菜（お好みで）… 適量

作り方

Step 1. ポップオーバーを作る

① もちもちポップオーバー（P10）を作る。お好みの味のポップオーバーでもOK。
② ポップオーバーは縦半分に切っておく。

Step 2. グラタンソースを作る

① エビは殻をむき、背わたを取って少々の塩と酒（分量外）でもむ。玉ねぎは薄切り、マッシュルームは縦半分に切る。
② フライパンにバターを入れて中火にかけ、エビ、玉ねぎ、マッシュルームをいためる。
③ 薄力粉を振りいれ、軽くいためる a 。牛乳を入れ、弱火でとろみがつくまでゴムベラで混ぜながら煮て、塩・こしょうで味を調える b 。

Step 3. 仕上げる

① ポップオーバーにグラタンソースを入れ、上から粉チーズとパン粉を振る。焦げ目がつくまで、オーブントースターで3〜4分焼く。皿に移し、お好みで葉野菜を添える。

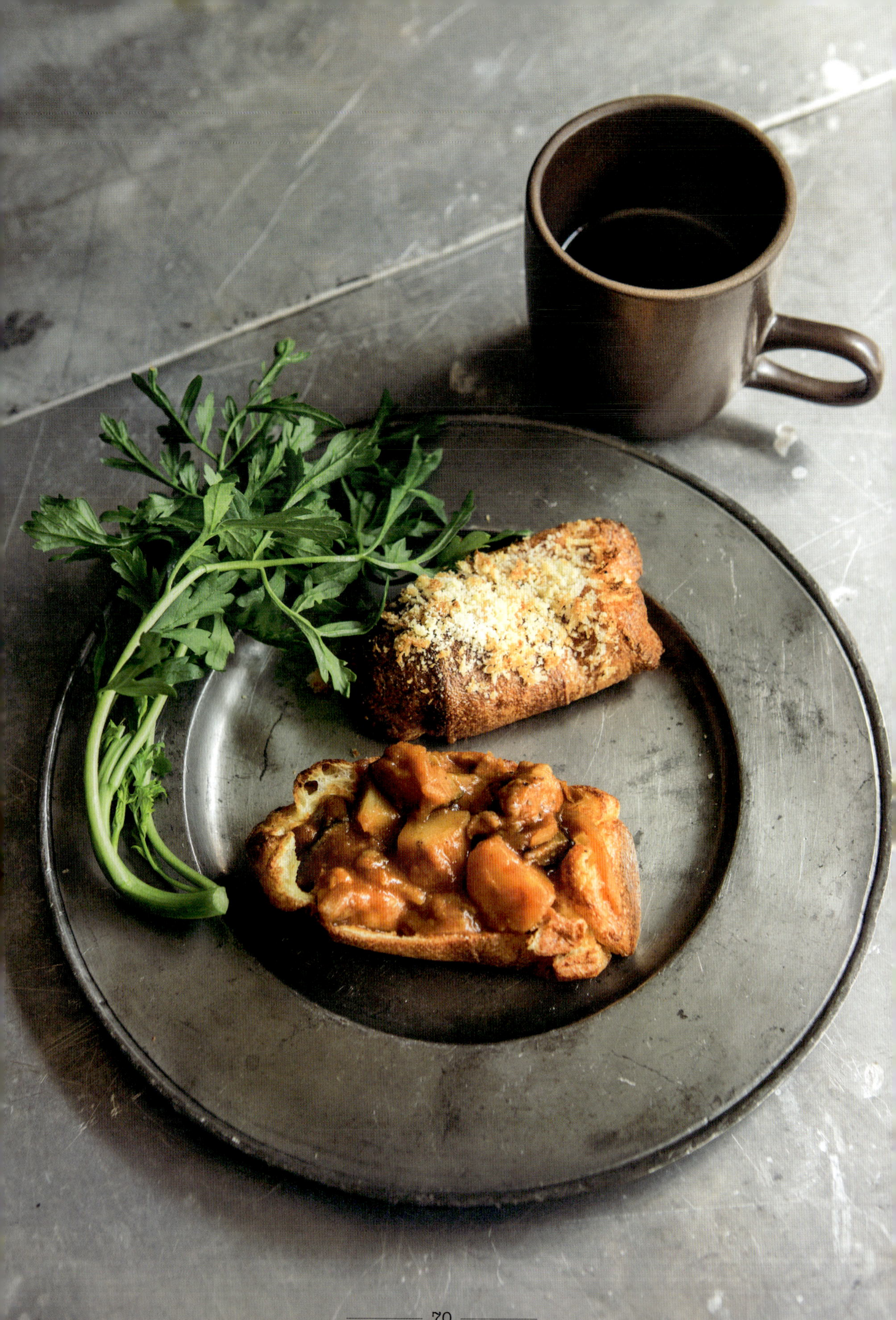

Curry Bread
カレーパン

パン粉をポップオーバーの皮につけてカレーパン風にしました。
カレーはポップオーバーに合う、少し甘めの味つけにしています。

Choice!
おすすめ
ポップオーバー
☑ もちもち (P10)
☐ カレー (P28)

材料 （1～2人分）

ポップオーバー …1～2個
（ここではもちもちポップオーバーを使用）

カレー（作りやすい量）
- じゃがいも…1個(130g)
- 玉ねぎ…1/2個(100g)
- なす…100g
- ズッキーニ…100g
- 豚肩ロース…150g
- 塩・こしょう…少々
- オリーブオイル…適量
- 水…2カップ
- カレールー…40g
- ケチャップ…大さじ3
- メープルシロップ（お好みで）…小さじ1/2

パン粉…小さじ1（1個につき）
バター…適量
葉野菜（お好みで）…適量

作り方

Step 1. ポップオーバーを作る

❶ もちもちポップオーバー（P10）を作る。お好みの味のポップオーバーでもOK。

❷ ポップオーバーは縦半分に切っておく。

Step 2. カレーを作る

❶ じゃがいも、玉ねぎ、なす、ズッキーニ、豚肩ロースをそれぞれ一口大に切る。豚肩ロースは塩・こしょうで下味をつけておく。鍋にオリーブオイルを熱し、切った具材をすべて入れて、中火で軽くいため、水を入れて煮込む。

❷ ❶の具材に火が通ったら、カレールーを入れてケチャップとお好みでメープルシロップで味を調える。とろみがつくまで煮込む。

Step 3. 仕上げる

❶ ポップオーバーの片方の表面にバターを塗り、パン粉をまぶす a 。2つ並べてオーブントースターに入れ、パン粉がきつね色になるまで2～3分焼く。パン粉のついていないほうにカレーを詰め、もう片方でふたをする。皿に移し、お好みで葉野菜を添える。

MEMO

カレーを作り過ぎて余ってしまったときにもおすすめのレシピです。カレーパンとは違った、さくさくとした食感になります。揚げていないので、カロリーひかえめなのもうれしいところ。

Grilled Vegetables

Choice!
おすすめ
ポップオーバー
☑ もちもち (P10)
☐ レモンペッパー (P28)

グリルド ベジタブル

オーブンで焼き上げた野菜類には、うまみがぎゅっと凝縮されています。
入れる野菜は、他になすやピーマンでもおすすめです。

材料（1人分）

ポップオーバー …1個
（ここではもちもちポップオーバーを使用）

グリルドベジタブル
- かぼちゃ…100g
- ズッキーニ…1/2本(60g)
- プチトマト…3〜4個
- 砂糖…ひとつまみ
- 塩…小さじ1/4
- オリーブオイル…小さじ1
- ローズマリー、タイム、バジルなど
  - ハーブ類…適量

モッツアレラチーズ（お好みで）…50g
ハーブクリーム…適量
（お好みで。作り方はP77参照）

作り方

Step 1. ポップオーバーを作る

① もちもちポップオーバー（P10）を作る。お好みの味のポップオーバーでもOK。
② ポップオーバーは縦半分に切っておく。

Step 2. グリルド ベジタブルを作る

① オーブンをあらかじめ190℃に予熱する。
② かぼちゃは7mm程度の厚さの一口大、ズッキーニは5mmの輪切りにする。プチトマトは半分に切る。ボウルに入れ、砂糖、塩、オリーブオイルをかけて軽く混ぜる。
③ ②をオーブンシートを敷いた天板に広げ、ハーブ類を散らして180〜190℃のオーブンで20〜30分焼く。

Step 3. 盛りつける

① ポップオーバーにグリルド ベジタブルと、お好みでサイコロ状に切ったモッツアレラチーズを盛りつけ、お好みでハーブクリームを添える。

Moussaka

Choice!
おすすめ
ポップオーバー
☑ もちもち (P10)
☐ レモンペッパー (P28)

なすとトマトのムサカ

なすが主役のレシピ。なすを焼き、他の食材と重ねるだけなのでお手軽。
あっさりしたピザのような味で、ペロリと食べられます。

MEMO
ムサカはギリシャの野菜料理。本場でよく食されているように、じゃがいもを入れると食べ応えが出ます。中に入れたトマトソースは、ピザトーストやパスタにも使える万能ソース。

材料（1人分）

ポップオーバー … 1個
（ここではもちもちポップオーバーを使用）

トマトソース（作りやすい量）
- にんにく … 1/2かけ
- 赤唐辛子 … 1/2本
- オリーブオイル … 大さじ1
- トマト缶 … 1缶（400g）
- 塩 … 小さじ1/2

なす … 1/2本
オリーブオイル … 大さじ1
チーズ（モッツアレラなどをスライスしたもの）
… 4枚（30g）
バジルの葉 … 4枚

作り方

Step 1. ポップオーバーを作る

① もちもちポップオーバー（P10）を作る。お好みの味のポップオーバーでもOK。
② ポップオーバーは縦半分に切っておく。

Step 2. なすとトマトのムサカを作る

① トマトソースを作る。鍋につぶしたにんにく、赤唐辛子、オリーブオイルを入れて弱火にかける。温まってきたらトマト缶を入れ、中火で20分程度煮詰めて塩で味を調える。
② なすは7mmの輪切りにして塩（分量外）を振り、しばらく置いてからキッチンペーパーで水気を取る。フライパンにオリーブオイルを入れて中火にかけ、なすの両面をしんなりするまで焼く。

Step 3. 仕上げる

① ポップオーバーにトマトソース大さじ1、なす、チーズ、バジルの順になるよう重ね、もう1度同じ順に詰める。焦げ目がつくまで、オーブントースターで3～4分焼く。

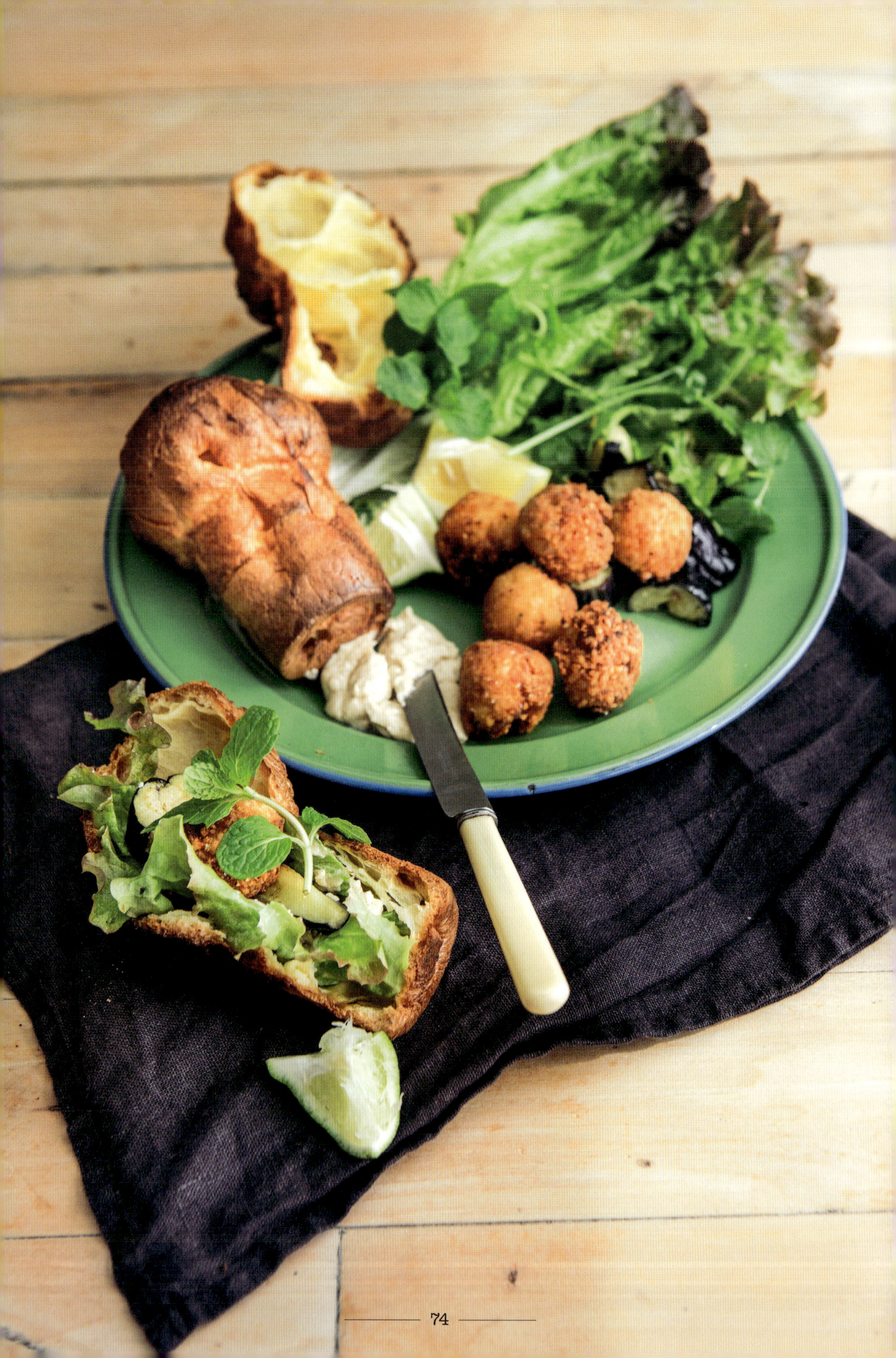

Falafel Sandwich
ファラフェル風サンドイッチ

すりつぶしたひよこ豆に、スパイスを混ぜて作ったベジタリアンフードです。
お好みの野菜やハーブと一緒にはさんで、ごまソースをかけていただきます。

Choice! おすすめポップオーバー
- ☑ もちもち (P10)
- ☐ チーズ (P24)

材料 (2～3人分)

ポップオーバー … 2～3個
(ここではもちもちポップオーバーを使用)

ファラフェル
- **A** 乾燥ひよこ豆…125g
-   玉ねぎ…小1/4個
-   にんにく…1かけ
-   豆　腐…大さじ1
-   香　菜(ざく切りにしたもの)…1本(10g)
-   クミンパウダー…小さじ2/3
-   塩・こしょう…少々
- 薄力粉…適量
- 油…適量

な　す…1本

ごまソース
- 練りごま(白)…大さじ2
- レモン汁…大さじ1
- ヨーグルト…大さじ2
- にんにくのすりおろし…少々
- クミン(あれば)…少々
- 塩…小さじ1/4
- こしょう…少々

葉野菜、ミント、香菜など…適量

下準備
・乾燥ひよこ豆は、たっぷりの水(分量外)に一晩浸して戻し、ざるに上げて水気を切っておく **a**。

作り方

Step 1. ポップオーバーを作る
1. もちもちポップオーバー(P10)を作る。お好みの味のポップオーバーでもOK。
2. ポップオーバーは縦半分に切っておく。

Step 2. 中に詰める具材を作る
1. ファラフェルを作る。**A**をすべてフードプロセッサーに入れ **b**、おから状になるまでよく撹拌する **c**。
2. バットに薄力粉を入れ、直径2cmのボール状に丸めた❶に薄力粉をまぶす **d**。
3. 鍋に油を170～180℃に熱し、こんがりときつね色になるまで揚げ、網にのせて油を切る。
4. 揚げなすを作る。なすを一口大に切り、ボウルに入れて軽く塩(分量外)をふり、しばらく置いてからキッチンペーパーで水気を取る。鍋に油を入れ、中火にかけ170～180℃でなすを揚げる。火が通ったら、網に乗せて油を切る。
5. ごまソースを作る。ボウルに材料をすべて入れ、よく混ぜ合わせる。

Step 3. 盛りつける
1. ファラフェル、揚げなす、葉野菜やミント、香菜をポップオーバーに詰め、ごまソースを添える。

MEMO
中近東の幅広い地域で愛されているファラフェル。ヘルシーなベジタリアンフードは、揚げているのに重くなく、豆のおいしさがぎゅっと詰まったくせになる味です。

Roast Beef

Choice!
おすすめ
ポップオーバー

☑ もちもち (P10)
☐ レモンペッパー(P28)

ローストビーフ

特別な日やパーティのときに作りたい、豪華な一品。
グレービーソースを直接ポップオーバーにつけてもおいしい。

材料（3〜4人分）

ポップオーバー　…2〜3個
（ここではもちもち
　　ポップオーバーを使用）

ローストビーフ
　ローストビーフ用牛もも肉
　　　…500〜600g
　塩・こしょう…適量
　オリーブオイル…適量
　赤ワイン…大さじ2
　しょうゆ…大さじ1
　バター…大さじ2
クレソン…適量

下準備

・オーブンを180℃まで予熱する。

作り方

Step 1. ポップオーバーを作る

① もちもちポップオーバー（P10）を作る。お好みの味のポップオーバーでもOK。
② ポップオーバーは縦半分に切っておく。

Step 2. ローストビーフを作る

① 牛もも肉に塩・こしょうをまんべんなくまぶす。フライパンにオリーブオイルを入れて強めの中火にかけ、牛もも肉の表面をまんべんなく焼きつける。
② フライパンごと予熱したオーブンに入れて5分ほど焼き、そのまま余熱を使って中に入れたまま15分程度休ませる。オーブンにフライパンを入れられない場合は、牛もも肉をアルミホイルで包んで耐熱容器に移して焼く。フライパンは洗わないでおく。
③ ②のフライパンに赤ワインを入れ、肉汁をこそげ落としながらしょうゆ、バターを入れて中火でさっと煮詰め、ソースにする。

Step 3. 盛りつける

① 皿にポップオーバー、ローストビーフを盛り、クレソンを添える。小皿に入れたソースをローストビーフにつけていただく。

MEMO

ローストビーフのつけあわせとして食べられることが多いヨークシャー・プディングですが、実はポップオーバーと作り方はほぼ同じ。マフィン型で焼くと似た見た目になります。

DIP

ポップオーバーに相性ぴったりの、おかず系のクリームたち。これまで紹介してきたレシピに添えると、さらにバリエーションが広がります。

Paprika Cream
パプリカクリーム

材料 パプリカ70g、バター70g、クリームチーズ70g、塩少々

作り方 パプリカは表面にオイルを塗り、予熱した200℃のオーブンで15～20分ほど焼く。ビニール袋や紙袋またはアルミホイルに入れてから皮をむく。ミキサーにかけボウルにあけて、室温に戻してやわらかくしたバターとクリームチーズと混ぜ合わせ、塩で味を調える。

Tuna Anchovy Cream
ツナ＆アンチョビクリーム

材料 牛乳50cc、にんにく1/2かけ、ツナ70g、アンチョビ2枚、バター30g、塩・こしょう少々

作り方 小鍋に牛乳とにんにくを入れて火をかけ、にんにくがやわらかくなるまでつぶす。ツナ、アンチョビ、バター、塩・こしょうを加えてペースト状になるまで混ぜる。

Mentaiko Cream
明太子クリーム

材料 クリームチーズ50g、明太子大さじ1、レモン汁少々

作り方 ボウルにクリームチーズを入れ、室温に戻してやわらかくする。皮を除いた明太子、レモン汁を加えて混ぜ合わせる。

Herb Cream
ハーブクリーム

材料 ヨーグルト100g、ハーブ類（アサツキ、ディル、セルフィーユなどをみじん切りにしたもの）大さじ1、オリーブオイル小さじ1、塩少々

作り方 ヨーグルトを一晩水切りしてボウルに入れ、ハーブ類、オリーブオイル、塩を加えてよく混ぜる。

Avocado Cream
アボカドクリーム

材料 アボカド1個、にんにく少々、タバスコ少々、オリーブオイル小さじ1、ライム果汁小さじ2、塩・こしょう少々、香菜（あれば）少々

作り方 種を取ったアボカドはボウルに入れてつぶし、にんにくをみじん切りにして加える。タバスコ、オリーブオイル、ライム果汁、塩・こしょうを加えて混ぜ、香菜を飾る。

SOUP
スープ

パン感覚で楽しめるポップオーバーは、スープと一緒にしてもおいしい。ポップオーバーをスープにひたひたに浸してからめしあがれ。

Carrot Potage
にんじんのポタージュ

にんじんを1本をじっくりと蒸し煮で火を通した、ヘルシーでやさしい甘さのスープ。小さいお子さんにもおすすめ。

材料（2人分）

- にんじん…1本（150g）
- バター…大さじ1
- にんにく…1かけ
- プチトマト…4個
- 水…2カップ
- 塩…少々
- こしょう（またはクミン）…少々

作り方

1. にんじんはピーラーなどで皮をむき、ごく薄切りにする。鍋にバターを入れ、つぶしたにんにくとにんじんをいため、プチトマトを入れて弱火で蒸し煮にする。途中、水気がなくなったら水（分量外）を足す。
2. にんじんがやわらかくなったら水を入れ、一煮立ちしたらミキサーにかけ、塩、こしょうで味を調える。

Gazpacho
ガスパチョ

赤い野菜をたっぷり入れた冷製スープ。バゲットのかわりにポップオーバーを加えてとろみをつけています。

材料（2人分）

A
- トマト…大1個（200g）
- きゅうり…1/2本
- パプリカ…30g
- 玉ねぎ…1/4個（30g）
- ポップオーバー…1/3個
- 水…1/4カップ
- オリーブオイル…大さじ1
- 塩・こしょう…少々

- ワインビネガー…適量
- コリアンダー（お好みで）…少々

作り方

1. トマトは湯むきして種を取り、きゅうりは皮をむく。Aをミキサーにかけ、1時間以上休ませる。
2. ワインビネガーを加えて味を調え、お好みでコリアンダーを飾る。

Egg Lemon Soup
エッグレモンスープ

酸味がさわやかなギリシャ発祥のスープ。
とろりとした卵とレモンがやさしい味です。

材料（2〜3人分）

鶏手羽先… 2本
にんにく… 1かけ
水… 4カップ
米… 30g
卵… 1個
卵　黄… 1個分
塩… 少々
こしょう（またはクミン）… 少々
レモン汁… 1/2個分
レモンの皮のすりおろし
　… 1/2個分

作り方

1. 鍋に鶏手羽先とつぶしたにんにく、水を入れて中火にかけ15分煮る。米を入れ、米がやわらかくなるまで弱火でさらに20分ほど煮る。
2. ボウルに卵と卵黄をよく混ぜて溶きほぐし、レモン汁とレモンの皮のすりおろしを加えてさらに混ぜる。
3. ❶が温かいうちに大さじ1ずつ、2〜3回に分けて❷に入れる。そのつど混ぜ合わせて鍋に戻して温め、塩、こしょうで味を調える。沸騰しないようにすること。

Clam Chowder
クラムチャウダー

具だくさん、濃厚な味わいに仕上げました。
白味噌でコクを出しています。

材料（2人分）

アサリ… 250g
白ワイン… 50cc
にんにく… 1かけ
セロリ… 1/3本（30g）
玉ねぎ… 1/4個（30g）
にんじん… 1/3個（30g）
ベーコン… 30g
薄力粉… 大さじ2
水… 1カップ
牛乳… 250cc
か　ぶ（またはじゃがいも）
　… 1個（50g）
白味噌… 大さじ1
塩・こしょう… 適量

作り方

1. アサリは砂抜きして鍋に入れ、白ワインを入れて蒸す。汁ごとボウルに取り出しておく。
2. 鍋にみじん切りにしたにんにく、1cm角に切ったセロリ、玉ねぎ、にんじん、ベーコンを入れてよくいためたら、薄力粉を加えてさらにいためる。
3. 水と牛乳を入れ、皮をむいて一口大にきったかぶを入れて、竹串がすっと通るやわらかさになるまで弱火で煮る。❶を加えて塩・こしょうを振り、白みそで味を調える。

若山曜子　わかやまようこ

料理・菓子研究家。東京外国語大学フランス語学科卒業後パリへ留学。ル・コルドンブルーパリ、エコール・フェランディを経て、フランス国家調理師資格（C.A.P）を取得。パリのパティスリーやレストランで研鑽を積み、帰国後は雑誌や書籍のほかカフェや企業のレシピ開発、料理教室の主宰など幅広く活躍中。豊富な経験に裏打ちされたレシピは、お菓子・料理ともに作りやすく、見た目も美しいと評判が高い。著書に『パウンド型ひとつで作るたくさんのケーク』（主婦と生活社）、『作りおきできる　フレンチデリ』（河出書房新社）、『バターで作る／オイルで作る スコーンとビスケットの本』（主婦と生活社）、『ジャーサラダ』（宙出版）ほか多数。
ブログ「甘くて優しい日々のこと」
http://tavechao.tavechao.com/

撮影	新居明子
スタイリング	中里真理子
デザイン	吉井茂活、槇 純江（MOKA STORE）
校正	楠本知子
調理アシスタント	矢村このみ
企画・編集	植木優帆（マイナビ）

special thanks to　中野禧代美

＜材料協力＞
ナショナル麻布スーパーマーケット
住所　東京都港区南麻布4-5-2
TEL　03-3442-3181
URL　http://www.national-azabu.com

cotta（コッタ）
TEL　0120-987-224
URL　http://www.cotta.jp/

＜鶏卵提供＞
アルム株式会社
住所　岡山県赤磐市石蓮寺910番地2
TEL　0120-558-063
URL　http://armnosato.jp/

＜小道具協力＞
UTUWA
住所　東京都渋谷区千駄ヶ谷3-50-11 明星ビルディング1F
TEL　03-6447-0070

はじめてのポップオーバーBOOK
さくさくもちもち！ボウルで混ぜて焼くだけレシピ

2015年6月20日　初版第1刷　発行

著　者　若山曜子
発行者　中川信行
発行所　株式会社マイナビ
〒100-0003 東京都千代田区一ツ橋1-1-1 パレスサイドビル
TEL　0480-38-6872（注文専用ダイヤル）
　　　03-6267-4477（販売部）
　　　03-6267-4445（編集部）
E-mail　pc-books@mynavi.jp
URL　http://book.mynavi.jp

印刷・製本　図書印刷株式会社
DTP　株式会社明昌堂

注意事項について
・本書の一部または全部について個人で使用するほかは、著作権法上、著作権者および（株）マイナビの承諾を得ずに無断で複写、複製することは禁じられております。・本書についてのご質問等ございましたら、上記メールアドレスにお問い合わせください。インターネット環境のない方は、往復はがきまたは返信用切手、返信用封筒を同封の上、（株）マイナビ出版事業本部編集第6部書籍編集課までお送りください。乱丁・落丁についてのお問い合わせは、TEL：0480-38-6872（注文専用ダイヤル）、電子メール：sas@mynavi.jpまでお願いいたします。・本書の記載は2015年5月現在の情報に基づいております。そのためお客さまがご利用されるときには、情報が変更されている場合もあります。・本書中の会社名、商品名は、該当する会社の商標または登録商標です。

定価はカバーに記載しております。
©Yoko Wakayama 2015, ©Mynavi Corporation 2015,
ISBN978-4-8399-5552-6 C2077　Printed in Japan